돈이 당신의 삶에
좋은 일을 합니다

김상구

인생을 바꾸는
봉지라면 재테크

돈은 불리고 세금은 줄이는 글로벌 ETF 레시피 16

인생을 바꾸는
봉지라면 재테크

김광주 지음

원앤원북스

봉지라면 내비게이터

한 가지 라면보다 투자 목적 및 기간에 따라 2~3가지 라면을 함께 끓이는 것이 좋습니다.
특히 마라탕라면은 투자금액의 최대 30% 이내를 권장합니다.

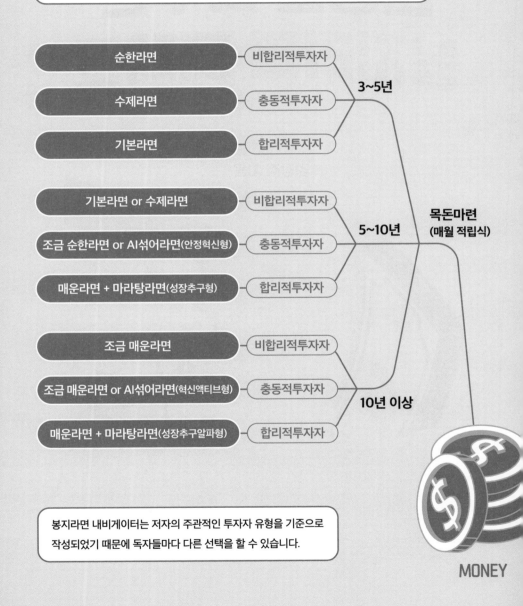

봉지라면 내비게이터는 저자의 주관적인 투자자 유형을 기준으로
작성되었기 때문에 독자들마다 다른 선택을 할 수 있습니다.

MONEY

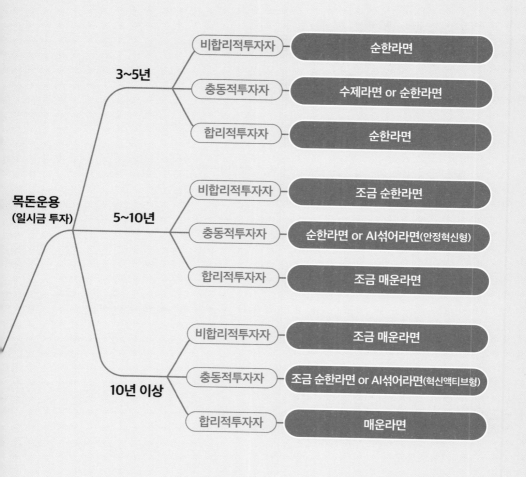

목돈운용 (일시금 투자)		
	3~5년	비합리적투자자 → 순한라면
		충동적투자자 → 수제라면 or 순한라면
		합리적투자자 → 순한라면
	5~10년	비합리적투자자 → 조금 순한라면
		충동적투자자 → 순한라면 or AI섞어라면(안정혁신형)
		합리적투자자 → 조금 매운라면
	10년 이상	비합리적투자자 → 조금 매운라면
		충동적투자자 → 조금 순한라면 or AI섞어라면(혁신액티브형)
		합리적투자자 → 매운라면

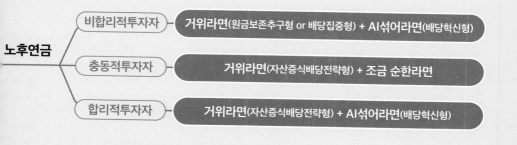

노후연금	비합리적투자자 → 거위라면(원금보존추구형 or 배당집중형) + AI섞어라면(배당혁신형)
	충동적투자자 → 거위라면(자산증식배당전략형) + 조금 순한라면
	합리적투자자 → 거위라면(자산증식배당전략형) + AI섞어라면(배당혁신형)

그래도 어렵다면? 셰프라면

🔍 당신은 어떤 투자자인가?

당신에게 맞는 봉지라면을 고르기에 앞서 당신이 어떤 투자자인지 우선 알 필요가 있다. 투자자 유형은 크게 다음의 세 가지로 나눌 수 있다.

비합리적 투자자

투자는 머리도 아프고 관심도 없어 잘 모른다. 그러나 내 돈을 손해 보기는 싫고 가능하면 많이 불리고 싶다. 간혹 귀가 얇다는 소리를 듣기도 하며 금융상품에 가입하고 오래지 않아 해약한 경험도 있다. 돈을 많이 쓰는 것도 아닌데 잘 모이지 않는다.

봉지라면 재테크가 가장 필요한 유형이다.

충동적 투자자

작은 일은 쉽게 결정 못 하는 결정장애가 있지만 큰 선택은 대범한 편이다. 투자에서도 가끔 돈을 벌기도 하지만 크게 손해 보는 경우가 더 많다. 투자 트렌드에 관심이 많지만 지속적이지 못하고 테마성 정보에 눈길이 간다. 자신만 돈을 벌지 못하거나 소외된 것 같은 두려움을 뜻하는 포모(FOMO)증후군에 민감한 편이다.

봉지라면 재테크를 통해 충동을 관리할 수 있다.

인생을 바꾸는 봉지라면 재테크

합리적 투자자

계획적이며 행운을 바라기보다 성실과 노력을 중요하게 생각한다. 금융상품 가입이나 선택을 할 때 매우 신중하게 판단한다. 그러나 작은 것에 집착해 기회를 놓치거나 소탐대실하는 경우도 있다. 자신의 선택에 대한 지나친 고집으로 손실을 확대하는 경우도 있다. 기대와 어긋났을 때 낙담이 크며 그럴 때 충동형이 될 수 있다. 주변에 투자에 밝은 사람, 즉 '인복(人福)'이 있으면 큰돈을 벌 수 있다. 봉지라면 재테크를 통해 부족한 인복을 채울 수 있다.

당신이 어떤 유형인지 모르겠다면 다음 7가지 질문을 통해 간단하게 확인해보자. 각각의 문제에서 가장 그렇다고 생각되는 항목을 선택한 후 선택한 항목의 숫자를 모두 더한 다음 최종 점수에 해당하는 투자자 유형을 확인한다.

1. 봉지라면을 끓인다면?

① 봉지를 뜯기 전에 면부터 부순다.

② 익기도 전에 냄비뚜껑을 몇 번씩 열어본다.

③ 봉지에 적힌 조리방법 그대로 끓인다.

2. 로또복권을 사면?

① 절대 안 산다.

② 은근히 추첨일을 기다린다.

③ 사고 나서 잊어버린다.

3. 가까운 친구가 돈을 빌려 달라고 하면?

① 관계가 멀어지더라도 절대 빌려주지 않는다.

② 빌려주고부터 못 받을까 걱정한다.

③ 빌려주는 순간 내 돈이 아니라고 생각한다.

4. 동료직원이 투자해서 돈을 많이 벌었다면?

① 갑자기 배가 아프다.

② 어떻게 벌었는지 궁금하다.

③ 축하하는 마음이 앞선다.

5. 연말에 세액공제를 부추기는 은행광고를 보면?

① 은행으로 달려간다.

② 저 말이 무슨 말인지 아예 모른다.

③ 저런 건 평소에 해야지 하며 웃는다.

6. 나에게 저축이란?

① 쓰고 남으면 저축한다.

② 빚 갚으면 쓸 돈이 없다.

③ 먼저 저축하고 남는 돈으로 생활한다.

7. 애인이 데이트를 갑자기 취소하면?

① 사랑이 식었다고 생각한다.

② 올 때까지 기다린다.

③ 무슨 사정이 있겠지 생각한다.

결과

- 17~21점: 합리적 투자자

- 13~16점: 충동적 투자자

- 7~12점: 비합리적 투자자

※ 투자자 유형은 금융기관에서 작성하는 투자성향 또는 투자적합도와 다르며
저자의 경험에 바탕한 주관적인 분류입니다.

당신은 어떤 투자자인가?

갓성북,
세상에서 가장 비싼 봉지라면

　이 책은 어렵고 돈 벌기 힘든 개별 주식이 아닌 자본주의 성장의 평균에 투자하는 글로벌 ETF를 중심으로, 독자들의 입맛에 따라 쉽게 선택 가능한 10가지 종류의 봉지라면에 총 16개 레시피를 제시했다. 각각의 레시피에 대한 기대수익률은 과거 수익률을 기준으로 필자가 꽤 보수적인 할인율을 적용했음에도 불구하고 연평균 8%에서 15%에 이르기까지 다양하다. 각각의 봉지라면은 독자들의 재정 형편에 따라 청년 세대의 자산 증식은 물론 부모 세대의 노후 관리에까지 폭넓게 적용할 수 있다. 그뿐만 아니라 봉지라면을 활용하여 ISA(개인종합자산관리계좌), 연금저축, IRP(개인형퇴직연금), 퇴직연금 DC형에 이르기까지 절세는 물론 독자들이 가장 힘들어하는 포트폴리오를 보다 쉽게 구성할 수 있도록 안내했다. 따라서 이 책은 어느 한 문단조차 그저 페이지를 채우기 위해 쓰인 내용은 없다.

이 책은 소설책처럼 한 번에 처음부터 끝까지 읽기보다 독자들의 투자자 유형별 내비게이터에서 제시된 각각의 봉지라면을 중심으로 가볍게 읽고 자신의 재테크에 적용하면서 구체적인 재무목표에 따라 조금씩 범위를 확대하는 것이 좋다. 즉 한 번의 독서로 끝내기보다 인생에서 필요한 돈을 필요한 때 준비하는 데 도움이 되는 봉지라면을 그때그때 읽고 적용할 것을 권장한다.

필자는 이 책의 출판에 그치지 않고 각각의 봉지라면에 대한 경과 수익률과 세금 제도를 포함한 정책 변화 등을 필자가 대표로 있는 바인투자자문의 홈페이지와 유튜브 '돈파는가게'를 통해 지속적으로 업데이트할 예정이다. 그 결과 세상에서 가장 비싼 봉지라면, 인생이 바뀌는 최고의 갓성북을 독자들과 함께 만들어갈 것이다.

김광주

바인투자자문 홈페이지
(vinefa.com)

목차

1장 투자는 모르지만 돈 걱정 없이 살고 싶다

2장 입맛 따라 선택하는 봉지라면 가판대: 자산증식용

3장 입맛 따라 선택하는 봉지라면 가판대: 연금용

4장 앞에서 벌고 뒤에서 남는
봉지라면 절세전략

"재테크, 공부한 만큼 돈 좀 벌었나요?"

돈은 꼭 필요하다. 돈을 멀리한다는 성직자조차 알고 보면 성도들의 헌금으로 사는 현실이다. 그렇다고 돈을 위해 태어난 사람은 없다. 돈이 인생의 첫 번째 목적일 수는 없다. 사람은 돈보다 귀하다는 인본주의적 슬로건이 아니더라도 우리는 모두 저마다 무엇인가 하고 싶은 일이 있다. 심리학자 매슬로(Maslow)는 그것을 인간의 욕구 5단계에서 최고의 가치인 '자아실현'으로 표현했다. 생각해보면 돈은 결국 당신의 자아실현을 위해 필요한 것이다. 우리가 '경제적 자유'라는 단어에 확 당기는 이유 역시 돈 걱정 없이 하고 싶은 것들을 하면서 살 수 있다는 유혹 때문이다.

그런데 묻고 싶다. 경제적 자유에 얼마나 가까워졌냐고. 유튜브를 비롯한 각종 매체에 평범한 직장인이 등장해 이렇게 저렇게 경제적 자유를 달성했다며 당신을 자극하는 사람들이 실제로 얼마나 되는가? 정확한 통계를 따질 수는 없으나 당신 주변을 돌아보면 얼핏 짐작해볼 수는 있다. 마치 치열한 오디션을 거쳐 아이돌 가수로 데뷔한 경우의 확률과 비슷하지 않을까?

그렇다고 경제적 자유라는 목표 자체를 깎아내리려는 것이 아니다. 다만 어느 날 문득 뒤돌아보니 패기만만했던 청춘과 치열했던 사십 대를 지나도록 경제적 자유는 개뿔, 직장에서조차 명예퇴직을 압박받는 지경에 이르러 그동안 지구가 아니라 안드로메다에 살았었다는 중년의 독백이 당신의 이야기가 되지 않기를 바랄 뿐이다.

"투자는 정말 어려워요…." 20년 넘게 고객들의 재정 관리를 해오면서 가장 많이 듣는 이야기다. 맞다. 투자는 어렵다. 다만 한 가지 짚고 넘어가야 할 것이 있다. 당신은 왜 투자하기를 원하는가? 예컨대 가능하면 빨리 많은 돈을 불리기를 원한다면 투자는 분명 어렵다.

생각해보자. 매일 주식에 대한 정보가 쏟아진다. 거의 모든 투자 관련 정보채널은 주식시장의 시황정보는 물론 지구 어딘가에서 벌어지고 있는 전쟁을 비롯해 전 세계 주요 국가들의 경제와 정치 이야기가 투자시장에 어떤 영향을 끼칠 것인지 분석하고 해설한다. 만약 시시각각 변하는 정보들에 관심을 가지고 있다면 틀림없이 당신은 가능하면 빨리 많은 돈을 불리고 싶은 욕망에 사로잡혀 있을 가능성이 높다.

프롤로그 투자, 봉지라면 끓이듯 쉽고 단순하게!

책도 마찬가지다. 지금 당장 서점에 가면 투자나 재테크에 관한 수많은 책을 만날 수 있다. 심지어 오늘 출간된 신간도 많다. 투자가 쉽다면 그렇게 많은 책이 앞다투어 출간될 이유는 없지 않을까? 그러는 사이 투자는 어렵다는 선입견에 점점 빠져든다.

그러나 진실을 말하자면, 당신은 금융회사가 쳐 놓은 덫에 걸려들었다. 그들 이익의 상당 부분은 고객들에게 금융상품을 팔거나 중개하는 행위에서 발생하기 때문에 보다 많은 사람이 돈을 더 빨리 더 많이 불릴 수 있다는 환상을 가지고 투자의 세계에 뛰어들기를 원한다. 그래서 때때로 탐욕과 불안에 시달리는 투자자들의 심리를 적당히 조작하기도 한다. 당신이 '금융호구'라는 말을 듣는 이유다.

투자와 재테크에 관한 대부분의 정보 채널들도 마찬가지다. 당신도 할 수 있다는 정신승리를 부추긴다. 그러다 당신이 지쳐 보일 때쯤, 이런저런 방법으로 가능한 한 빨리 많은 돈을 벌었다는 어떤 영웅의 인터뷰를 내어 보내면서 당신의 용기를 북돋운다. 그래서 당신은 너무 쉽게 포기했다고 스스로 자책하며 다시 공부를 시작한다.

그 결과 가능하면 빨리 많은 돈을 불려야 한다는 유혹에 빠져 지금 이 순간에도 복잡하고 어려운 재테크 책과 씨름하거나 적지 않은 돈을 지불하면서 각종 재테크 관련 유료강좌에 붙들려 있을 수도 있다. 심지어 급등주, 대박주 등을 추천한다는 불법 사이트에 가입하고 비싼 회비를 내는 것은 물론 원금을 손해 봤을 수도 있다. 그런 당신에게 진심으로 묻는다. "재테크, 공부한 만큼 돈 좀 벌었나요?"

인생을 바꾸는 봉지라면 재테크

그렇지 못했다면 이제 생각을 바꾸어보자. 만약 당신이 앞으로 최소 3년, 아니면 5년 후에 필요한 돈을 만들기 원한다면? 혹은 지금 가진 돈을 그 시간 동안 더 많이 불리기를 원한다면? 당신에게 투자는 마치 봉지라면을 끓이는 것처럼 쉬울 것이다. 매일 쏟아지는 온갖 종류의 숱한 정보들에 관심을 가져야 이유도, 재테크 전문가가 될 필요도 없다. 봉지라면을 끓이는 데 요리 전문가가 될 필요가 없는 것처럼.

당신은 은행 적금이나 예금으로는 불가능한 돈, 당신의 인생에서 필요하다고 생각하는 돈을 충분히 만들 수 있다. 물론 방법은 봉지라면 끓이는 것만큼 간단하다.

투자는 몰라도 돈 걱정 없이 살고 싶다

"대표사원님, 인생을 헛살았는지 나이 육십에 연금도 없어요. 그래서 창피하기도 하고 막막하기도 해요. 그래도 앞으로 5년 정도는 간병인을 하든 식당 일을 하든 매달 100만 원 이상은 저축할 수 있을 것 같은데 어떻게 하면 좋을까요?"

2022년 1월, 해가 바뀌자마자 긴축에 대한 공포가 자본시장을 덮치면서 주식시장이 얼어붙고 있었던 어느 날 오후였다. 필자의 회사에 전화를 걸어온 여성은 그렇게 말하면서 말끝을 흐렸다. 그들의 투자 경험은 대부분 개별 주식 직접 투자였으며 결과는 대체로 원금손실이나 패가망신이었다. 그러다 보니 투자에 관심을 가지면서도 손실에 대한 두려움 때문에 망설이다 쭈뼛쭈뼛 조심스럽게 전화를 걸어온다. '대표사원과 함께하는 매달 적금식 ETF'라는 자문상품이 만들어진 배경이다.

해당 상품은 전 세계 주식시장이 급락하던 2022년 2월 25일 첫 투자를 시작했지만 1년이 지나면서부터 수익이 발생하기 시작해 2024년 5월 말 현재까지 연 복리 10%를 넘나들고 있다. 같은 기간 동안 해당 상품의 누적 적립금(AUM; Asset Under Management)도 30억 원을 훌쩍 넘어섰다.

그러나 투자 경험이 없거나 있더라도 나쁜 경험이 대부분인 사람들에게 투자를 습관처럼 만드는 것은 생각보다 쉽지 않다. 처음 1, 2년이 중요한 이유다. 그래서 가입을 원하는 분들에게는 최소 3년, 가능하면 5년 이상 마치 보험에 가입한 것처럼 매달 꾸준히 투자해야 한다는 다짐부터 받는다. 그래도 불안한 마음에 필자도 같이할 테니 따라오라는 말까지 꼭 덧붙인다. 가끔 '돈파는가게' 유튜브 채널에서 필자의 계좌 잔고를 공개하는 것도 그 때문이다.

물론 과거의 수익이 미래를 보증하는 것은 아니다. 앞으로 어떻게 될지 모르며 때로는 떨어지는 시기도 있을 것이다. 그러나 투자를 시작하자마자 크게 하락했던 죽음의 계곡을 먼저 경험했던 가입자들은 그 시간을 인내하며 투자를 지속한 결과 오히려 큰 이익을 보면서 튼튼한 투자 근육이 생겼고 두려움을 즐길 수 있게 되었다. 본문에서 자세히 설명하겠지만 자본주의는 수많은 굴곡에도 불구하고 평균적으로는 상승할 수밖에 없는 이유가 있기 때문에 두렵다고 멈추거나 뒷걸음

치기보다 오늘도 한 걸음씩 믿음을 가지고 걸어가면 항상 좋은 결과를 얻을 수 있다.

시간이 흘러 그 상품의 계기가 되었던 60대 여성 고객과 통화하면서 투자가 어렵지 않냐고 물었더니 대뜸 이렇게 대답했다. "봉지라면 끓이기보다 쉽던데요? 투자는 잘 모르지만 돈이 불어나니 편안합니다. 앞으로는 돈 걱정 없이 살 것 같아요. 하하."

이 책은 그때부터 기획되었다. 전문 투자자가 아닌 보통의 사람, 큰 욕심보다 그저 주어진 인생을 살아가는 데 크게 부족하지 않을 정도면 충분하다고 생각하는 사람들에게 투자라는 것은 봉지라면 끓이는 것처럼 쉽고 단순하다는 사실을 알려주고 싶었다. 평생 예·적금밖에 모르고 살았던 60대 여성조차 "투자는 모르지만 돈 걱정 없이 살 것 같다."라는데 20, 30대는 물론 40, 50대는 말할 것도 없다.

ETF(Exchange Traded Fund, 상장지수펀드)는 미국의 S&P500 지수, 필라델피아 반도체 지수, 한국의 KOSPI200 지수 등, 주요 지역 또는 산업별 주가지수(Index) 평균을 그대로 따라가도록 만든 인덱스 펀드지만 주식처럼 언제든 사고팔 수 있도록 주식시장에 상장되어 있다는 점에서 일반의 공모펀드와 다르다. 그래서 필자는 자본주의 성장의 평균에 투자하는 대표적인 방법으로 주저 없이 국가별 대표 지수 ETF를 추천한다. 또한 ETF는 그 속에서 수많은 종목에 분산 투자되기 때문에 개별 종목 투자에 비해 위험이 낮고 일반의 공모펀드와 비교하면 운용 수수료도 저렴하다. 그러다 보니 갈수록 새로운 종류의 ETF가 상장되면서 지금은 그 종류가 많아도 너무 많다.

그러나 지난 20여 년 동안 고객들의 재정 관리를 업으로 해왔던 필자의 경험으로는 독자들의 인생에 필요한 ETF는 사실 소수에 불과하다. 심지어 1~2개로도 충분하다. 해마다 계절이 바뀌면 의류 판매장에 진열된 옷들은 빽빽하지만 정작 내 손에 들린 옷은 한두 벌에 불과한 것처럼. 필자의 다 큰 딸도 매달 적립식 ETF 2개, 목돈 관리용 ETF 1개만 투자하고 있다.

따라서 ETF 그 자체보다 저마다의 인생에 필요한 재무목표, 예컨대 결혼자금이나 주택자금, 어린 자녀들의 미래 독립자금이나 창업자금은 물론 은퇴 이후 노후자금 등에 이르기까지 구체적인 투자 레시피, 즉 포트폴리오가 중요하다. 또한 각각의 레시피마다 기대할 수 있는 돈맛, 즉 기대수익률을 바탕으로 미래의 현금흐름을 예측하는 것도 막연한 미래를 구체적으로 계획하면서 투자에 대한 자신감은 물론 삶의 희망을 키우는 계기가 된다.

돈 걱정 없이 산다는데 3년, 아니 5년을 못 한다고?

다음 그림은 2023년 말까지의 지난 40년 동안 전 세계적인 대표 지수 가운데 하나인 미국의 S&P500 지수의 움직임을 나타낸 것이다. 눈여겨봐야 할 것은 해당 지수가 60개월 이동평균선, 즉 5년 이동평균선 밑으로 떨어진 경우는 딱 세 번에 불과했다는 사실이다. 구체적으로

인생을 바꾸는 봉지라면 재테크

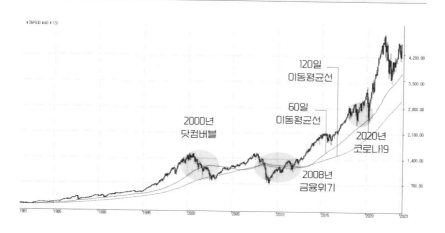

지난 40년 동안의 S&P500 지수(1980년 1월~2023년 2월)

120일
이동평균선

60일
이동평균선

2000년
닷컴버블

2008년
금융위기

2020년
코로나19

는 2000년도의 닷컴버블, 2008년도의 글로벌 금융위기, 마지막으로는 2020년의 코로나19(COVID-19)였다.

그러나 그 세 번의 어떤 시점에서든 매달 정액 적립식 투자를 시작해 5년 이상을 기다렸다면 원금 이상의 수익을 냈다. 예컨대 지난 40년 동안 가장 크게 폭락했던 2008년 금융위기 직전의 고점인 2007년 10월부터 매달 100만 원씩 투자를 시작해 한 달도 쉬지 않고 5년을 투자했다면 연 복리 10.6%의 수익을 냈고, 만약 글로벌 금융위기 직전의 고점을 완전히 회복한 2013년 4월까지 5년 6개월 동안 투자했다면 연 복리 12.6%의 수익을 냈다. 또한 2020년의 코로나19로 인한 폭락 기간에는 몇 개월 만에 큰돈을 벌었고 2022년의 금리 인상 시기에는 원금 이상으로 불리는 데 2년이 채 걸리지 않았다. 심지어

프롤로그 투자, 봉지라면 끓이듯 쉽고 단순하게!

2000년 닷컴버블을 제외하면 최소 3년 이상을 매달 적립식으로 투자했을 때 원금을 손해 보는 일도 거의 없었다.

더 중요한 것은 S&P500 지수가 지난 40년 동안 5년 이동평균선 밑으로 떨어졌던 기간보다 그렇지 않았던 기간이 훨씬 많았다는 사실이다. 그것은 5년 이상 꾸준히 투자하면 생각보다 훨씬 큰돈을 벌 수 있었다는 것을 뜻한다. 만약 글로벌 금융위기가 완전히 회복된 이후 2013년 5월에 시작해 2018년 4월까지 5년 동안 매달 적립식으로 투자했다면 연 복리 12%가 넘는 수익을 얻었다. 심지어 이 기간 동안 일시금투자를 했다면 5년 후 누적수익률은 무려 83%에 달했다.

연평균 8%가 적다고요?

가끔 연평균 8%라는 이야기를 하면 약간 시큰둥한 반응을 보이기도 한다. 아마 주식 투자에서 개별 종목의 수익률이 단기간에 100%, 200% 급등하는 경우도 있기 때문인데 오해하지 말자. 그런 경우는 일반적이지도 않거니와 그 같은 수익률의 주인공 역시 극소수에 불과하다. 반대로 실패하는 투자자들의 대부분은 신기루 같은 대박을 좇는 사람들이다.

물론 봉지라면의 종류에 따라서는 연평균 8% 이상의 수익을 기대할 수도 있지만, 그것조차 꾸준히 얻는다는 것은 생각만큼 쉽지 않다. 또한 각각의 봉지라면마다 기대수익률이 시간을 만나 복리효과가 더해질 때 내 돈이 얼마나 불어나는지를 예시해놓았지만, 그것만으로도 상상하는 것 이상의 큰돈을 가져다준다.

그래서 오히려 "연평균 8% 수익을 낼 수 있을까?" 하는 의문을 가지는 것이 좋다. 그것조차 얻지 못하는 경우가 대부분이기 때문이다. 자신은 물론 주변 사람들의 종합계좌나 연금저축펀드, IRP, ISA뿐만 아니라 연금보험과 같은 저축성보험상품을 확인해보면 금방 알 수 있다. 그렇다면 원인은 무엇일까? 다음 질문에 답해보자.

첫째, 자본주의 평균에 투자하는 가장 대표적인 방법인 미국의 S&P500 지수를 추종하는 ETF 혹은 나스닥100 지수를 추종하는 ETF에 투자하고 있는가?

둘째, 최소 3년, 가능하면 5년 이상 한 달도 빠지지 않고 투자해왔는가?

만약 이 두 가지 질문에 고개를 끄덕인다면 연평균 8% 수익률이라는 것이 그닥 어렵지 않다는 것에 동의할 것이다. 이미 경험하고 있기 때문이다.

반대로 위 두 가지 질문에 고개를 가로젓는다면 아마 당신은 대박을 꿈꾸며 개별 종목에 투자했거나 ETF 가운데서도 변동성이 심한 테마형 ETF, 심지어 2배 혹은 3배로 움직이는 레버리지 ETF에 관심을 가졌을 수 있다. 그 결과 연 8%는커녕 돈을 번다는 것이 얼마나 힘든지 경험했을 것이다. 당신의 엄청난 노력에도 불구하고 손실을 기록하고 있을 가능성이 크기 때문이다.

그러나 어지간한 행운이 함께하지 않는 한 3년, 5년으로 인생에 필

프롤로그 투자, 봉지라면 끓이듯 쉽고 단순하게!

요한 모든 돈을 준비하기는 쉽지 않다. 그러나 뭐든 처음이 낯설고 어려울 뿐, 제대로 된 투자를 한 번만 경험하고 나면 그다음부터 밥 먹듯 쉽다. 그러는 사이 오르고 내리기를 반복하면서 평균적으로 상승하는 자본주의 성장이 내 돈을 더 많이 불려줄 것이다. 예컨대 10년 전에 S&P500 지수를 추종하는 ETF에 매년 8%의 복리수익률로 투자했다면 10년 후에는 약 2억 2천만 원이 되었을 것이고, 20년 전에 투자했다면 약 4억 원, 30년 전에 투자했다면 약 9억 원, 40년 전에 투자했다면 약 25억 원이 되었을 것이다. 가만히 앉아 있어도 돈이 당신의 통장에 쌓였다는 뜻이다.

특별한 종목을 어렵게 찾은 것이 아니라 그저 자본주의 성장의 평균에 투자한 것이 그렇다. 물론 앞에서도 말했지만 어떤 봉지라면을 선택하느냐에 따라서 그 이상의 수익도 기대할 수 있다. 그러니 공부할 필요없다. 그저 봉지라면 끓이는 정도의 레시피면 족하다.

세상에서 가장 비싼 봉지라면

먼저 이 책의 결론부터 밝힌다. 자본주의 성장의 평균에 투자하는 ETF 가운데 당신의 인생에 필요한 글로벌 ETF를 중심으로 최소 3년, 가능하면 5년 이상 꾸준히 투자하시라.

이 책은 독자들의 재무목표에 따라 기본라면인 미국의 S&P500 지수를 추종하는 ETF를 중심으로 수제라면, 조금 매운라면, 매운라면,

순한라면, 조금 순한라면, 거위라면, 마라탕라면, AI섞어라면, 셰프라면 등 10개의 봉지라면에 총 16개의 다양한 레시피가 쉽고 간단하게 설명되어 있다. 그 가운데 당신의 재무목표에 맞는 라면을 선택하면 된다. 물론 당신의 경험이나 재능에 따라 당신만의 봉지라면을 재창조할 수도 있지만 냉정하게 말하면 그럴 필요는 없다. 어떤 라면을 선택하든 당신은 세상에서 가장 비싼 봉지라면의 주인이 될 것이다.

왜 미국인지, 예컨대 한국 경제의 평균에 투자하면 안 되는지에 대해서는 본문의 적절한 곳에서 구체적으로 밝히겠지만 안타깝게도 필자는 특히 한국 경제의 미래를 다소 부정적으로 본다. 장기침체의 시작점에 진입했다고 생각하기 때문이다.

반면 미국의 경우 2023년 말 기준으로 글로벌 주식시장의 40%를 차지하고 있다. 특히 S&P500 지수는 세계적인 신용평가회사인 미국의 스탠더드앤드푸어(Standard&Poor)사가 미국 주식시장에 상장된 기업 가운데 기업규모·유동성·산업 대표성을 감안해 선정한 500개 기업의 시가총액을 가중평균해 발표하는 지수로 미국은 물론 전 세계에서 가장 많이 활용되는 대표 지수다. S&P500 지수에 투자하는 것을 미국 경제의 평균은 물론 사실상 전 세계 자본주의 성장의 평균에 투자한다고 생각하는 이유다.

다만 S&P500 지수를 추종하는 ETF가 최고의 수익을 얻는다고 오해해서는 안 된다. 그 이상의 수익을 기대할 수 있는 ETF도 많다. 그것들 역시 당신의 필요에 따라 선택할 수 있도록 친절하고 구체적으로 안내했다.

이 책에 소개된 모든 봉지라면(ETF)은 미국 주식시장에 상장된 것이라면 달러로 투자할 수 있고 국내 주식시장에 상장된 것이라면 원화로 투자할 수 있다. 책에서는 전자를 미국라면, 후자를 한국라면으로 구별했다. 또한 어느 쪽을 선택하는 것이 유리한지 독자들의 필요에 따라 판단할 수 있도록 본문에서 자세히 설명해놓았다.

봉지라면 5단계 조리법

봉지라면 5단계 조리법을 설명하면 다음과 같다.

첫째, 봉지라면을 준비한다.

당신이 불리기 원하는 여윳돈을 준비하는 것을 뜻한다. 매달 여윳돈일 수도 있고 목돈일 수도 있다.

둘째, 봉지라면을 끓일 냄비를 준비한다.

증권회사에 봉지라면을 끓일 계좌를 개설하라는 뜻이다. 종합계좌나 CMA도 상관없고 연금을 준비할 목적이라면 연금저축이나 IRP, 혹은 더 많은 절세를 원한다면 개인종합자산관리통장으로 알려진 ISA를 개설할 수도 있다.

셋째, 냄비뚜껑을 열고 봉지라면을 넣는다.

개설된 증권계좌에 당신이 선택한 봉지라면, 구체적으로는 봉지라면에 담긴 ETF 포트폴리오를 매수(투자)한다는 뜻이다.

넷째, 냄비 뚜껑을 닫고 기다린다.

당신의 투자기간이 최소 3년, 가능하면 5년 이상이 될 때까지 기다려야 한다는 뜻이다. 이때 중간에 냄비뚜껑을 열지 않기를 바란다. 설익은 라면 혹은 잔뜩 불어 터진 라면을 먹게 될 수도 있다. 기대만큼의 이익을 얻지 못하거나 자칫하면 손해 볼 수 있음을 기억하자.

다섯째, 시간이 지난 다음 불을 끄고 맛있는 라면을 먹는다.

맛있게 불어난 돈을 당신이 원하는 곳에 행복하게 쓰면 된다.

책값 이상의 가치를 얻을 수 있다면

끝으로 당신이 다음과 같은 희망이나 목적을 가지고 있다면 책값 이상의 가치를 얻을 수 있을 것이다.

하나, 투자는 몰라도 돈 걱정 없이 살고 싶다.

그것이 이 책의 목적이다. 재테크는 이 책 한 권으로 끝내고 더 이상 공부하지 마시라. 결코 흔들리지 않을 확신을 갖게 될 것이다. 대신 남는 시간과 돈을 당신이 정말 하고 싶은 일에 투자하라.

둘, 여윳돈을 어떻게 준비해야 할지 모르겠다.

그것은 지극히 현실적인 문제다. 이 책은 당신의 몸값을 높이면서 투자에 필요한 돈을 어떻게 만들 수 있는지와 같은 구체적인 방법도 함께 준비했다.

셋, 기본라면도 좋지만 그 이상의 수익을 원한다.

기본라면인 S&P500 지수를 추종하는 ETF에 투자하는 것이 최선의 방법이라고 말한 적은 없다. 실제로 매운라면의 소스들처럼 지난 20년 동안 S&P500 지수를 훨씬 능가하는 지수도 있으며 앞으로도 그렇게 될 가능성은 충분하다. 심지어 마라탕라면과 같이 자산시장의 순환사이클을 이해하고 적절하게 적용하면 생각보다 빠른 시간에 큰돈을 만들 수도 있다. 어쩌면 전혀 생각지 않았던 파이어족이 될 수도 있다.

넷, 여유 목돈을 활용해 노후연금으로 활용하고 싶다.

노후에는 그동안 축적해왔던 자산을 활용해 돈의 가치를 지키면서 안정적인 노후생활을 즐기는 것이 중요하다. 그것을 위해 거위라면을 진열해놓았다. 조기 은퇴자 혹은 노후를 맞이한 부모들의 입맛에 딱 맞을 것이다.

다섯, 공부는 하지 않으면서 재테크에 무지하다는 소리를 듣고 싶지 않다.

공부 머리와 돈 버는 머리가 다르듯 공부해도 안 되는 재테크와 공부할 필요 없는 재테크가 있다. 이 책의 목표는 공부할 필요 없는 재테크다. 다른 요리는 못 하더라도 봉지라면은 끝내주게 끓인다는 소문, 괜찮지 않은가?

마지막 여섯, 왠지 끌린다. 무조건 읽고 싶다.

고맙다. 나는 겨우 인세를 벌겠지만 당신은 책값의 수천 배를 벌 수 있는 기회를 얻을 수 있다. 서로에게 매우 환상적인 거래가 될 것이다.

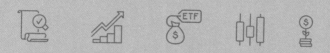

PART 1

투자는 모르지만
돈 걱정 없이 살고 싶다

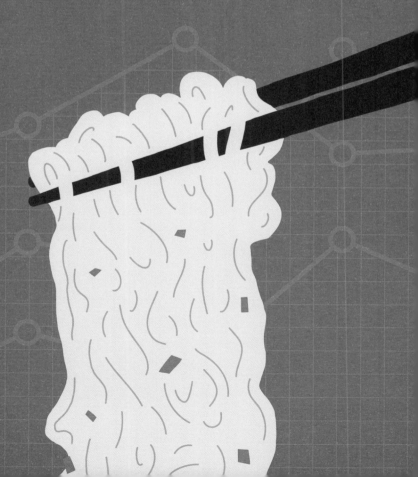

월급이 올라도 못 살겠다 아우성치는 이유

　지금으로부터 30여 년 전, 대기업에 입사했던 필자의 첫 월급은 각종 수당을 합해 75만 원이었다. 기본급의 600%였던 보너스가 두 달에 한 번 지급되었고 휴가비와 명절 떡값 등을 합하면 연봉은 대략 1,500만 원쯤 되었다. 2024년 대기업 신입직원의 평균 연봉은 대략 5천만 원을 넘는다. 30년 전과 비교하면 얼추 3배 이상, 그러니까 10년에 1배 이상 오른 셈이다.

　30여 년 전 서울 압구정동 현대아파트 33평 시세는 1억 원대 중반이었고 대치동 은마아파트도 비슷했다. 그 당시 필자는 연봉의 10년치를 한 푼도 쓰지 않고 모아야만 현대아파트나 은마아파트 33평을 살 수 있었다. 2024년 압구정동 현대아파트 33평은 40억 원, 은마아파트는 25억 원을 넘나든다. 지난 30년 동안 3배 이상 올랐다는 2024년의 대

1장 투자는 모르지만 돈 걱정 없이 살고 싶다

기업 신입직원 평균 연봉을 한 푼도 쓰지 않고 무려 80년을 꼬박 모아야 현대아파트를 살 수 있고 50년을 모아야 은마아파트를 살 수 있다. 평균 연봉 5천만 원의 대기업 신입직원들의 형편이 이렇다면 그들보다 훨씬 많은 중소기업 직원은 도무지 답이 없다. 그래서 지금의 청춘들은 자신을 단군 이래 가장 가난한 세대, 부모보다 못사는 최초의 세대로 부른다.

왜 하필 값비싼 아파트만 비교하냐고 말할 수 있다. 물론 서울 시내에도 아주 오래된 아파트는 같은 평수를 수억 원에 살 수 있기 때문이다. 그러나 녹물투성이 아파트가 신혼부부의 꿈일 수는 없지 않은가? 그것도 재건축에 필요한 분담금만 수억 원 이상이라고 한다. 이 같은 현상에서 세 가지 의문을 가져야 한다.

왜 월급은 많아지는데 사는 것은 더 힘들어질까?
왜 개인의 삶은 궁핍해지는데 경제는 비대해지는 것일까?
왜 살림살이는 갈수록 빠듯한데 주식은 계속 오를까?

이 모든 질문의 해답은 물가 상승, 즉 인플레이션이다.

물가는 모든 숫자를 끌어 올린다. 상품가격과 각종 서비스 비용은 물론이거니와, 그것들이 임금을 올려야 하는 원인을 제공하면서 마치 뫼비우스의 띠처럼 임금과 물가의 끝없는 상호작용으로 경제와 관련된 모든 숫자를 끌어 올리는 것이다.

우리가 국내총생산, 즉 GDP라고 부르는 것은 그런 숫자들의 모든

인생을 바꾸는 봉지라면 재테크

합계를 뜻하며 우리는 그것을 '경제'라고 부른다. 자본주의가 존재하는 한 경제는 갈수록 비대해질 수밖에 없고 임금도 오를 수밖에 없지만 그렇다고 개인의 재정적인 형편이 나아지는 것은 아니라는 뜻이다. 여기서 우리는 투자, 더 구체적으로는 주식투자에 관한 중요한 통찰력을 얻을 수 있다.

GDP에는 경제의 3주체인 개인과 정부와 기업의 몫이 있다. GDP가 증가한다는 것은 개인의 소득은 물론 정부의 지출과 기업의 매출도 함께 증가한다는 뜻이다. 이때 기업의 매출이 증가한다는 것은 평균적인 주식가격이 오른다는 뜻이다. 흔히들 '주식은 우상향한다'는 표현은 그래서 나온 것이다.

여기서 '평균적인 주식가격'이라는 표현에 주목하자. 자본주의가 성장하는 과정에서 개별적으로는 망하는 기업도 있지만 더 크게 성장하는 기업, 새로 생겨나는 기업 등으로 전체 GDP는 계속 커지고 그에 따른 평균 역시 커진다는 뜻이다. 그러면서 물가도 함께 오르며 반대로 돈의 가치는 떨어진다.

따라서 '왜 월급은 많아지는데 사는 것은 더 힘들어질까?', '왜 개인의 삶은 궁핍해지는데 경제는 비대해지는 것일까?'에 대한 의문보다 '왜 살림살이는 갈수록 빠듯한데 주식은 계속 오를까?'에 관심을 가져야 한다. 즉 소수의 고액 전문직을 제외하면 그저 열심히 노력해서 받는 월급만으로 앞의 두 가지 의문을 해결할 방법은 없다. 돈의 실질가치를 떨어뜨리는 인플레이션을 따라잡는 투자통장을 장착하지 않으면 두 가지 질곡에서 벗어날 방법이 없다는 뜻이다. 특히 예·적금 등 물

가상승률보다 무조건 적게 주는 각종 금리연동형 상품만으로는 더욱
그렇다.

그렇다고 머리 싸매고 투자 공부를 하라는 것이 아니다. 누구나 공
부한다고 돈을 벌 수 있는 투자시장이라면 왜 스트레스 받아가며 직장
을 다니겠는가? 대신 공부할 필요 없는 투자를 해야 한다. 그것은 '왜
살림살이는 갈수록 빠듯한데 주식은 계속 오를까?'에 대한 정답을 이
해하면서 자본주의 성장의 평균에 투자하는 ETF에 관심을 가지는 것
이다.

투자, 중간만 해도 충분하다

ETF는 'Exchange Traded Fund'의 약자다. 수많은 개별 종목에 분산투자하는 펀드라는 점에서는 우리가 익히 알고 있는 일반적인 '공모펀드'와 같다. 여기에서 펀드라는 것은 불특정 다수로부터 모집된 투자금을 뜻한다. 그러나 ETF는 지수를 추종하는 인덱스(Index) 펀드라는 점에서 일반적인 펀드 상품과는 차이가 있다. 따라서 ETF에 대한 기본적인 구조를 이해하려면 인덱스가 무엇을 뜻하는지 알아야 한다.

일반적으로 인덱스는 복잡하고 다양한 것들을 쉽게 정리하고 찾아볼 수 있도록 어떤 기준을 정해 분류한 목록을 뜻한다. 투자시장에서의 인덱스도 마찬가지다. 주식, 채권 혹은 주택이라든가 금과 같은 모든 투자대상의 평균적인 가격을 표시해 투자시장의 현재 상태가 어떤지 쉽게 이해할 수 있도록 한다. 예컨대 학생 100명으로 구성된 어떤

39

학교의 평균 점수가 90점이라면 그것이 그 학교의 인덱스, 즉 성적 수준인 셈이다.

한국 주식시장에서 종합 주가지수를 뜻하는 코스피(KOSPI)의 알파벳 I도 인덱스를 뜻한다. 따라서 인덱스 펀드인 ETF는 불특정 다수의 투자자로부터 돈을 모아 투자하기 원하는 투자대상 자산들의 인덱스, 즉 평균을 따라가도록 만들어져 있다. 예컨대 그것이 미국의 대표적인 500개 기업의 평균 주가를 뜻하는 S&P500 지수일 수도 있고, 나스닥 시장에 상장된 기업 가운데 시가총액과 거래량을 따져 선정한 100개 기업의 평균 주가를 뜻하는 나스닥100 지수일 수도 있으며, 한국증권거래소에 상장된 기업 가운데 시가총액 등을 따져 선정한 200개 기업의 평균 주가를 뜻하는 코스피200 지수 또는 증권협회가 운영하는 코스닥 시장에 등록된 기업 가운데 시가총액 등을 따져 선정한 150개 종목의 평균 주가를 뜻하는 코스닥150 지수일 수도 있다. 그 같은 평균에 투자하는 것만으로도 기대 이상의 좋은 결과를 얻을 수 있다. 투자, 중간만 해도 충분하다.

또한 불특정 다수가 아닌 사적인 계약을 통한 소수의 투자자를 대상으로 모집되어 운용하는 펀드를 사모펀드라고 부른다. 그러나 공모펀드든 사모펀드든 일반적인 펀드의 경우에는 해당 펀드에 편입되는 개별 종목과 비중을 펀드 매니저가 선택한다. 그러나 ETF에 편입되는 개별 종목과 비중은 해당 ETF를 운용하는 펀드 매니저의 의지와는 상관없이 S&P500 지수 등 해당 ETF가 추종하기 원하는 특정 지수에 구성된 종목에 자동적으로 분산 투자된다. 즉 일반적인 펀드는 해당 펀드의 운용역인 전문가의 지적인 노동이 필요하지만 특정 지수를 추종하는 ETF는 사람이 아닌 시스템에 따라 자동적으로 운용된다.

따라서 일반적인 펀드는 전문가의 지적 노동이 많이 투입되는 반면 특정 지수를 따라가도록 설계된 ETF는 전문가의 지적 노동이 매우 적게 투입된다. 그 때문에 공모펀드에 비해 ETF를 운용하는 데 필요한 전체적인 비용이 저렴하다. 일반적인 펀드보다 ETF의 운용보수가 크게 적은 이유다. 예컨대 국내에 상장된 해외 주식형 펀드 보수는 대체로 연 2%가 넘지만 국내 상장 해외 ETF 보수는 0.1%가 되지 않는다.

그러다 보니 ETF가 인기다. 2024년 기준 미국에 상장된 ETF(성격이 비슷한 ETN 포함)는 3천여 개에 이르고 한국의 경우에도 해외 ETF까지 포함하면 1천 개에 육박한다. 물론 일반적인 펀드도 온라인에서 가입하는 E-펀드의 경우에는 보수가 훨씬 저렴하다는 것은 참고할 필요는 있다.

다만 ETF 가운데도 2차전지 ETF, AI혁신산업 ETF 등 특정 산업이나 업종에 관한 지수를 추종하는 '테마형 ETF'와 정해진 범위(일반적으로 30%) 내에서 펀드 매니저가 투자 종목과 비중을 조정할 수 있는 '액티브 ETF'는 주의할 필요가 있다. 왜냐하면 특정 산업이나 업종의 경우에는 경제 전체에 비해 순환사이클이 짧기 때문에 주가 변동성이 높은 편이며, 펀드 매니저의 의지가 반영되는 액티브 ETF는 시장 전체를 대표하는 대표 지수 ETF보다 더 높은 수익을 추구하지만 더 좋은 결과가 나온다는 보장은 없다.

운용보수가 비싼 것도 단점이다. 예컨대 TIGER 미국S&P500 ETF

보수는 2024년 3월 현재 연간 0.5%이지만 액티브 ETF는 평균 1.5%로 무려 3배나 차이 난다. 따라서 봉지라면 재테크는 기본적으로 자본주의의 중심인 미국 주식시장의 대표 지수에 기반한 ETF를 중심으로 구성되어 있다.

ETF와 펀드의 차이점

일반적인 공모펀드와 ETF는 거래방식에서도 큰 차이가 있다. 예컨대 공모펀드는 주식시장에서 투자자가 직접 거래할 수 없지만 ETF는 마치 주식처럼 언제든 투자자가 주식시장에서 거래가 가능하다. 그래서 ETF를 'Exchange Traded' 펀드라고 이름 붙여 놓았다.

이 같은 거래방식의 차이는 투자자의 투자심리에 많은 영향을 준다. 예컨대 공모펀드를 이용해 매달 적립식 투자를 하는 경우 투자자는 증권회사나 은행에 개설된 자신의 펀드 계좌에 매달 투자금을 자동 이체하면 되지만, 투자자 본인이 직접 거래해야 하는 ETF의 경우에는 증권회사에 따라 일부 제공하고 있는 자동매수서비스를 제외하면 자동이체를 통한 매달 적립식 투자를 할 수가 없다. 일반적인 공모펀드는 매일 거래가 종료되는 시점의 종가를 기준으로 하루에 한 번 가격이 결정되지만 주식처럼 거래되는 ETF는 실시간 가격이 달라지기 때문이다. 증권회사와 같은 중개회사에 자신의 거래를 완전히 위임해놓거나 혹은 투자자문회사로부터 자문운용 서비스를 받지 않으면 투자자 본

펀드 vs. ETF

분류	공(사)모펀드	대표 지수 ETF	액티브 ETF	테마형 ETF
운용방법	운용사 의지 반영	시장 대표 지수 단순 추종	최대 30% 운용사 의지 반영	특정산업 업종대상
매수&매도	신청 후 일정기간 필요	주식시장 개장시간이면 언제든 주식처럼 거래 가능		
수수료	ETF보다 비쌈 (대안으로 온라인 E-펀드)	가장 저렴	대표 지수 ETF보다 비쌈	대표 지수 ETF보다 비쌈
사례	한국밸류10년 투자증권신탁 등	SPY ETF, QQQ ETF 등	ETF 이름에 액티브 포함	2차전지 ETF 등

인이 투자 시점의 가격을 기준으로 그때마다 투자 결정을 해야 한다.

이 같은 거래방식의 차이는 투자자들이 투자시장의 변동성에 노출되는 정도의 차이로 나타난다. 예컨대 공모펀드의 경우에는 그날의 종가를 기준으로 가격이 결정되기 때문에 투자하는 시점마다 실시간 달라지는 ETF보다 가격에 대한 민감도가 떨어진다. 그것이 투자 지속성에 영향을 미친다. 따라서 ETF 투자는 쉽고 단순해야 한다. 이때 필요한 것은 자본주의 성장에 대한 믿음이다.

자본주의의 종말은 정해져 있다

ETF는 물론 투자 자체를 부담스러워하는 사람들의 심리에는 투자 시장에 대한 불안이 깊게 깔려 있다. 자본주의 성장에 대한 믿음이 없거나 크게 부족한 것이다. 그러나 자본주의의 종말은 정해져 있다.

흔히들 알고 있는 경제 이데올로기는 자본주의와 사회주의, 공산주의가 있다. 사회주의와 공산주의는 그때 당시 자본주의의 모순을 극복하기 위해 등장했다. 사회주의 이론은 1800년대 사상가들을 중심으로 나타났는데, 그중 로버트 오언, 클로드 생시몽 등은 비폭력적인 '공상적 사회주의'를 주장했다. 반면 카를 마르크스와 프리드리히 엥겔스 등은 '혁명적(과학적) 사회주의'를 주장했다. 그들은 공상적 사회주의로는 자본주의의 모순을 극복할 수 없기 때문에 보다 실천적이고 구체적인 방법이 필요하다고 생각했다. 특히 마르크스와 엥겔스는 혁명적 사회주의를 공상적 사회주의와 구별하기 위해 '공산주의'라고 불렀다.

또한 그들은 자신의 조국이며 반봉건적 절대주의 국가였던 독일에서 프랑스식 민주혁명을 수행하는 것을 실천적 과제로 삼았지만 취약하고 무력했던 부르주아지(자본자 계급)를 대신해 프롤레타리아트(노동자 계급)를 혁명의 주체로 삼았다. 마르크스는 인간의 노동이 만든 피조물에 불과한 사유재산이 그것을 만들어낸 인간(노동자)을 지배하면서 자본주의의 모순이 생겼기 때문에 자본주의는 반드시 붕괴될 수밖에 없으며, 공동생산과 공동소유를 핵심으로 하는 공산주의를 통해 인간소외를 극복하고 인간성의 회복이 가능하다고 믿었다.

마르크스의 사상을 이어받은 레닌은 프롤레타리아혁명에 의해 수립되는 공산주의 정권은 반드시 프롤레타리아트 독재정권이 되어야 한다고 주장했으며 그 이후부터 공산주의자들은 마르크스주의를 강령으로 하지 않는 사회주의와 프롤레타리아트의 독재를 거부하는 사회주의는 진정한 사회주의로 인정하지 않았다. 따라서 북유럽 국가들의 보편적인 사회주의 정당들은 마르크스-레닌의 공산주의와 명확히 구별되는 것으로 오히려 수정 자본주의로 부르는 것이 적합할 것이다.

1907년의 러시아혁명을 통해 탄생한 소련의 공산주의는 동유럽을 중심으로 빠르게 세력을 확장했지만, 이후 생산성이 급격히 퇴보하자 그들이 증오했던 자본주의 시장경제를 도입하지 않을 수 없게 되었다. 그러다가 2차 세계대전을 기점으로 세력이 크게 약화되면서 연방 해체와 동시에 동유럽 공산국가들의 몰락으로 이어졌다. 아직도 존재하는 몇몇 공산국가의 절박한 현실은 자본주의의 모순을 극복하고 인간성 회복을 꿈꾸었던 공산주의가 그 자체로 한여름밤의 꿈이었음을 증명하고 있다.

자본주의의 탄생과 종말

사회주의와 공산주의의 탄생과 몰락을 정리해보면 자본주의와 비교할 때 한 가지 뚜렷한 사실을 알 수 있다. 즉 사회주의와 공산주의는 1800년대에 몇몇 사상가에 의해 탄생했고 그 가운데 혁명적 사회주의는 프롤레타리아 혁명을 통해 공산주의 국가로 자리 잡았지만 그 이후 대부분 몰락하고 말았다. 즉 사회주의와 공산주의는 언제 탄생했고 누가 주장했으며 어떻게 멸망했는지에 대한 구체적인 사실을 확인할 수 있다. 그렇다면 자본주의는 어떤가? 자본주의는 언제, 그리고 누가 만들었는가? 또한 이 질문은 우리의 재테크에 어떻게 적용할 수 있을까?

자본주의 탄생에 대한 역사적 기록이 뚜렷하지 않은 이유는 자본주의는 인류의 탄생과 함께 스스로 만들어졌기 때문이다. 이것은 자본주의 성장에 대한 믿음의 토대를 형성한다. 예컨대 인류가 처음 탄생했을 때는 모든 것을 자급자족하며 생활할 수밖에 없었다. 그러나 사람들이 많아지고 사는 지역과 생산품이 다양해지면서 서로에게 필요한 것들을 교환하는 것이 훨씬 효율적이라는 사실을 깨달았다. 자본주의 시장경제의 핵심은 교환이다. 이것은 누군가의 아이디어나 이론에서

인생을 바꾸는 봉지라면 재테크

만들어진 것이 아니라 사람들의 필요에 따라 스스로 만들어졌다. 즉 자본주의는 인류의 탄생과 함께 만들어졌다.

재밌는 것은 기독교 성경에서도 자본주의 탄생을 유추할 수 있는 구절이 뚜렷하게 있다는 사실이다. 예컨대 창세기 3장 17절에는 에덴동산에서 쫓겨난 아담에게 하나님은 이렇게 말하고 있다. "땅은 너로 말미암아 저주를 받고 너는 내 평생에 수고해야 그 소산을 먹으리라." 여기서 우리는 자본주의의 3요소인 '땅', 즉 토지와 노동을 뜻하는 '수고' 및 자본을 의미하는 '소산'을 찾을 수 있다. 성경에는 아담 부부가 에덴동산에 있었을 때는 의식주에 필요한 모든 것들을 하나님이 공급해주었다고 나와 있다. 경제 이데올로기에 적용해보면 에덴동산은 완벽한 사회주의였던 셈이다.

그렇다면 자본주의의 종말은 언제일까? 그것도 마찬가지로 인류의 종말과 궤를 같이할 것이다. 자본주의는 인류가 생존하는 한 함께 존재할 것이며 인류 종말과 동시에 사라질 것이다. 자본주의 경제에서 끊임없이 되풀이되는 경제위기 국면에서 자본주의가 망한다는 것과 같은 극단적인 주장을 믿고 따르는 것은 당신의 통장을 위기에 빠뜨리는 것과 같다.

반대로 자본주의는 인류가 망하지 않는 한 계속 성장한다는 믿음을 잊지 않는다면, 주식시장이 폭락하면서 자본주의가 드디어 한계에 부딪혔다는 둥 그 성장에 대한 부정적 이야기들이 쏟아질 때가 오히려 엄청난 기회라는 사실을 깨닫고 내 돈을 불릴 수 있는 선택을 할 수 있다.

ETF도 상장폐지되나요?

ETF도 상장폐지될 수 있다. 미국은 상장폐지에 대한 법적인 요건 없이 해당 ETF를 운영하는 자산운용사가 해당 상품의 자산규모, 일거래대금 등을 토대로 해당 상품의 존속 및 운영가치가 있는지 판단해 결정한다. 반면 한국은 순자산총액이 50억 원 미만이거나 괴리율, 즉 해당 ETF 가격이 순자산가치의 3%를 초과한 일자가 분기당 20일 이상 초과하는 경우 등 몇 가지 조건을 따져 상장폐지할 수 있도록 법으로 정해져 있다.

그러나 ETF의 상장폐지는 개별 주식의 상장폐지와는 완전히 다르다. 즉 개별 주식이 상장폐지된다는 것은 해당 주식을 발행한 기업의 부실 등이 원인인 경우가 많기 때문에 투자금이 자칫 휴지조각이 될 수 있지만, 개별 주식의 상장폐지와 상관없는 ETF는 기초자산, 즉 해당 ETF가 투자하고 있는 개별 주식 등을 수탁기관이 보관하고 있기 때문에 이것을 매도한 후 투자자들에게 돌려준다. 물론 상장폐지 시점의 순자산가치에 따라 수익 혹은 손실을 볼 수도 있다는 것은 일반의 투자 결과와 동일하다.

인생을 바꾸는 봉지라면 재테크

위기는 기회의 '트로이 목마'다

지난 2020년, 코로나19가 전 세계를 덮쳤을 때 필자는 그것이 머지 않아 '트로이 목마'가 될 것이라고 말했다. 그렇게 말했던 이유는 간단 하다. 단지 시간의 문제일 뿐 자본주의는 평균적으로는 꾸준히 성장해 왔기 때문이다. 그래서 "자본주의는 우상향한다."라고 말한다.

물론 지난 40년 동안 미국 S&P500 지수의 흐름을 보면 어떤 시기에 는 크게 폭락했고 또 어떤 시기에는 크게 폭등했던 때가 있었다. 그러 나 지나고 나서 생각하면 크게 폭락했던 때가 기회였고 크게 폭등했던 때가 오히려 위험했던 시기였다. 투자에 대한 좋은 기억이 없는 사람 들은 대체로 크게 폭락했던 때 가장 많은 손실을 확정했고 크게 폭등 했던 때 기대만큼의 이익을 얻지 못한 경우가 많다.

따라서 크게 폭락했던 주가가 어떻게 폭등하게 되는지 구체적인 이유를 안다면 앞으로는 같은 실수를 되풀이하지 않고 좋은 기억만 쌓아 갈 수 있다. 이는 자본주의가 성장한다는 믿음에 마침표를 찍는 것이 기도 하다.

폭락과 폭등은 왜 일어나는가

흔히들 주가 폭락과 폭등을 경제의 4국면, 즉 침체기와 성장기, 상 승기와 후퇴기로 설명하곤 한다. 기본적으로는 동의한다. 그러나 그것 이 어느 날 갑자기 폭락하고 폭등하는 현상까지 설명할 수는 없다. 그 래서 투자를 조금 더 깊이 공부한 사람들은 경제 10년 주기를 뜻하는 주글라 파동이나 50년에서 70년 주기의 콘트라티에프 파동, 2년에서 3년 주기로 짧은 키친 파동과 5년에서 7년 주기의 콘텐치크 파동 등 투자시장의 사이클을 설명하는 다양한 주기설에 관심을 가지기도 한 다. 다만 그런 것들을 이해하고 재테크에 적용하는 것은 쉽지 않다.

예컨대 2008년 글로벌 금융위기 이후부터 유행했던 10년 주기설로 따지자면 2018년에 주가 폭락이 있어야 했지만 그렇지 않았다. 또한 그런 것을 안다고 재테크를 잘하는 것도 아니고 모른다고 못 하는 것 도 아니다. 봉지라면에 들어가는 각종 스프의 구성성분을 자세히 공부 한다고 해서 봉지라면을 끓이는 방법이 달라지거나 맛이 더 좋아지는 것이 아닌 것과 같다. 봉지라면은 겉봉지에 쓰인 레시피대로만 끓이면 된다.

인생을 바꾸는 봉지라면 재테크

그렇다면 주가 폭락과 폭등은 본질적으로 왜 일어났는가? 그것은 사람들의 탐욕과 공포, 그리고 기술의 합작품이다.

사람들의 탐욕에는 선한 동기와 악한 동기가 공존한다. 이때 선한 동기가 만드는 것 가운데 하나가 '기술'이다. 예컨대 기술은 우리가 지금 누리고 있는 것들을 조금 더 편리하고 즐겁고 멋지게 향상시키려는 욕구에서 비롯된다. 즉 현재 상태를 만족하지 못하는 욕심의 결과물이다. 그것이 선하다는 뜻은 그로 인한 기술의 진보가 발명가에 그치지 않고 보다 많은 사람의 일상을 조금 더 편리하고 즐겁고 멋지게 변화시키기 때문이다.

물론 모든 기술이 대중적인 성공을 거두는 것은 아니다. 그렇기 때문에 성공 가능성이 높게 평가된 소수의 기술에 돈이 몰린다. 그것은 이번 기회를 이용해 많은 돈을 벌고자 하는 사람들의 이기적인 탐욕이다. 그러면서 해당 기술(기업)에 대한 가격이 급등하기 시작하면 뒤늦게 합류하는 사람들은 이미 치솟은 가격에 망설이면서도 소위 '포모', 즉 자신만 뒤처지거나 소외되는 것을 두려워하는 투자심리가 결합되면서 주식가격을 천정부지로 밀어 올린다. 포모 현상은 투자자들을 원천기술과 연관되었다는 다른 주식들까지 묻지마 투자로 몰아넣고, 그 결과 동쪽에서 시작된 불이 마침내 서쪽까지 번져 주식시황판을 벌겋게 물들인다.

그 같은 현상을 전기자동차 관련 회사들의 주가 움직임에 적용해보자. 원조 전기자동차 회사인 테슬라의 주가 급등이 2차전지 완성품 제조회사들과 재료·물질 또는 시설·장비업체들의 주가를 끌어올리면서 주식시장 전체를 견인했던 경우와 같다. 심지어 '2차전지'라는 단어를 사업종목에 추가하기만 하면 주가가 급등하는 경우도 많았다.

그러던 어느 날, 누군가가 테슬라 주가에 의문을 품게 되면서 투자 시장의 균열이 일어난다. 해당 기업의 향후 예상 실적보다 현재의 주가가 너무 비싸다는 이야기가 나오면서 발 빠른 투자자들은 주식을 팔기 시작한다. 그러면서 해당 기술(기업)에 지불하려던 가격이 떨어지기 시작하고 폭등했던 기업들부터 폭락하면서 어느 때부터는 포모 현상도 거꾸로 작동한다. 자신만 호구될 수 있다는 공포가 투매를 일으키고 서쪽을 덮친 차디찬 바닷물이 동쪽까지 번지면서 주식시황판을 퍼렇게 물들인다.

자본주의는 성장할 수밖에 없다

여기서 우리가 정말 중요하게 생각해야 할 지점이 있다. 전기자동차와 관련된 회사들의 주가가 어떻게 달라지든 상관없이 전기자동차, 그리고 그와 연관된 기술은 어떨까? 관련 기업들의 주가가 오르면 관련 기술도 성장하고 주가가 떨어지면 관련 기술도 함께 퇴보할까? 2000년 닷컴버블로 주가가 폭락했던 시기에 인터넷기술도 함께 폭망했을까? 2020년 코로나19 백신을 개발하던 제약회사들의 주가가 몇 배씩 급등한 후 다시 폭락했다고 백신기술도 함께 망했을까?

아니다. 한번 생겨난 기술은 결코 사라지지 않는다. 마치 아메바처럼 스스로 번식한다. 지금 이 순간에도 경제나 투자시장과 상관없이 한번 뿌려진 기술은 속도의 차이만 있을 뿐 쉬지 않고 성장한다. 폭락한 주가가 다시 폭등하는 이유다. 즉 대부분의 주가가 크게 하락하고 어떤 종목은 반토막을 넘어 1/3 토막, 1/5 토막 심지어 1/10 토막이 되었을 때 누군가는 폭락한 주가에 의문을 갖기 시작한다. 기술의 성장으로 기업가치에 비해 가격(주가)이 너무 싸다는 사실을 깨닫게 된 것이다. 이때의 기술은 기존의 기술을 바탕으로 새롭게 진화된 기술인 경우가 많다.

예컨대 2000년 닷컴버블은 마이크로소프트(미국), 새롬기술(한국) 등 주로 인터넷통신, 시스템 관련 업체들이 주도했지만 거품이 터진 이후의 회복과 2007년까지의 상승을 주도했던 기업들은 각종 인터넷서비스(구글, 야후, 네이버, 다음 등) 및 관련된 IT장비와 소재·부품 관련 기업들이었다. 또한 글로벌 금융위기 이후에는 스마트폰의 진화를 통한 모바일혁명과 5G통신, 페이스북을 비롯한 각종 SNS 플랫폼과 제약·바이오 등의 산업이 2020년까지의 회복과 상승을 주도했다. 코로나19로 인한 폭락 이후에는 백신 산업과 메타버스, 사물인터넷(IoT), 전기자동차를 비롯한 친환경, 블록체인과 NFT 등이 2021년까지의 회복과 상승을 주도했다.

그러다가 2022년부터 금리 급등으로 투자시장은 다시 폭락했지만 그 이후의 회복과 상승은 2차전지와 AI와 챗봇 등이 견인했다. 2000년 닷컴버블에서부터 2023년까지의 폭락과 회복, 그리고 상승을 정리하면 다음 그림과 같다.

1장 투자는 모르지만 돈 걱정 없이 살고 싶다

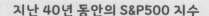

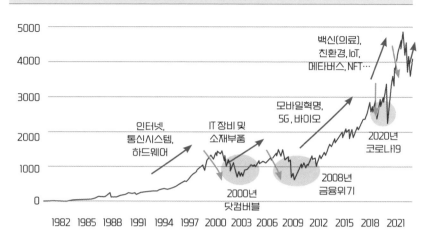

지난 40년 동안의 S&P500 지수

이처럼 자본주의가 성장하면서 때론 폭락과 폭등을 되풀이하는 것은 세상에 사람이 존재하는 한 더 나은 환경과 삶을 추구하는 끊임없는 욕구가 새로운 기술을 만들고 한번 만들어진 기술은 스스로 성장하면서 사람들의 탐욕과 결합해 시장가격을 왜곡하고 다시 제자리를 찾는 과정으로 설명할 수 있다. 거시적으로 바라보면 아담 스미스의 보이지 않는 손이 작동하기 때문이다.

자본주의가 성장할 수밖에 없는 이유와 함께 어떤 과정을 되풀이하면서 평균적으로 성장하는지를 이해한다면 당신의 통장은 훨씬 넉넉해질 것이다. 앞으로도 이 같은 과정은 끊임없이 되풀이될 것이기 때문이다. 이제 불 보듯 뻔한 현상 앞에서 당신이 어떤 선택을 할 것이냐의 문제만 남는다. 물론 필자는 당신이 책을 덮는 순간 지금까지의 막연한 불안은 말끔히 해소되고 언제나 옳은 선택을 할 수 있기를 바란다. 그렇지만 이 책을 읽는 모든 독자, 나아가 모든 투자자가 똑같이 그리될 수는 없다. 다 같이 잘 살기 원하면 아이러니하게도 다 같이 망하는 것이 투자시장의 냉정한 진실이며, 이러한 진리가 자본주의를 성장시켜 왔다는 역설을 잘 이해하는 것이 중요하다.

일시금 투자 vs. 매달 적립식 투자

일시금 투자는 여윳돈을 한꺼번에 투자하는 것이고 매달 적립식 투자는 매달 일정한 금액을 꾸준하게 투자하는 것이다. 일시금 투자와 매달 적립식 투자에 대한 설명은 이 책이 아니더라도 쉽게 접할 수 있기 때문에 여기서는 실제 사례를 통해 확인해보자.

　일반적으로 일시금 투자는 주가가 상승하는 시기에 더 많은 돈을 벌 수 있지만 하락과 상승이 반복되거나 특히 하락하는 시기에는 원금을 회복하는 데 꽤 오랜 시간이 걸린다. 반대로 매달 적립식 투자는 일시금 투자와 다른 결과를 초래한다. 실제로 주가지수가 크게 하락했던 시기, 구체적으로는 2000년의 닷컴버블, 2008년의 글로벌 금융위기, 2020년의 코로나19는 물론 2022년에서 2023년에 이르는 금리 인상으로 낙폭이 두드러졌던 기간 동안 어떤 시점에서 투자를 시작했더라도 매달 정액 적립식 투자를 통해 최소 5년 이상 투자를 지속했다면 돈을 벌었다. 심지어 2000년 닷컴버블의 경우에는 거품 붕괴 직전의 고점이 회복되기까지

약 7년의 시간이 필요했음에도 불구하고 매달 정액 적립식 투자를 했다면 5년 이내에 수익을 냈다. 반대로 같은 기간 동안 일시금을 한꺼번에 투자했다면 7년을 기다려도 돈을 벌기는커녕 겨우 본전에 만족해야 했다.

또한 가장 크게 폭락했던 2008년 금융위기 직전의 고점(2007년 10월)에서부터 매달 100만 원씩 투자를 시작해 한 달도 쉬지 않고 5년을 투자했다면 연 복리 10.6%의 수익을 냈다. 심지어 2020년의 코로나19로 인한 폭락 기간에는 몇 개월 만에 돈을 벌었고 2022년의 금리 인상 시기에는 채 2년이 걸리지 않았다. 이것을 그림으로 설명하면 다음과 같다.

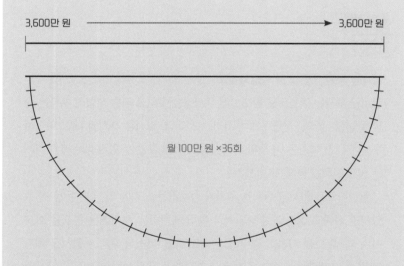

만약 그림에서처럼 3년의 투자기간 동안 하락 후 회복되었다고 가정할 때, 매월 100만 원씩 36회 동안 적립식으로 분할투자했다면 그때까지의 투자금 가운데 첫 달과 마지막 달을 제외하면 나머지 34개월 투자금은 모두 수익을 냈을 것이다. 그러나 3,600만 원을 첫 달에 한꺼번에 투자했다

면 원금을 계속 까먹기만 하다가 3년 후에야 가까스로 본전을 회복했을 뿐이다. 심지어 계속되는 원금손실에 대한 불안을 이기지 못해 도중에 손실을 감수하고 팔았을 수도 있다.

물론 자본주의는 결국 성장한다. 그러나 항상 오르기만 하는 것은 아니다. 따라서 지금부터 투자를 시작하더라도 3년, 5년, 10년 뒤에는 돈이 필요한 때가 있기 때문에 돈이 필요한 시기를 감안해 투자방법을 결정하는 것이 좋다. 일반적으로 종잣돈이나 목돈을 만들기 위해서는 월 적립식 투자, 목돈을 불리는 경우에는 배당 등 기본적인 수익을 확보할 수 있는 고배당 ETF를 활용하거나 채권형 ETF 등의 안전자산을 주식형 ETF와 섞어 변동성을 낮추는 것이 좋다. 물론 최종적으로는 투자기간과 투자성향에 따라 달라질 것이다.

다 같이 잘 살기 원하면
다 같이 망한다

우리가 모르는 자본주의 작동원리 가운데는 '다 같이 잘 살기 원하면 다 같이 망한다.'라는 사실이 있다.

앞서 우리는 경제 이데올로기의 탄생과 몰락 과정을 살펴보면서 사회주의와 공산주의는 자본주의의 모순을 개선하기 위해 만들어졌다고 했다. 이때의 모순이란 '부의 양극화'를 가리킨다. 돈을 가진 자본가는 일하지 않고도 그가 가진 자산이 불어나는 반면 가난한 노동자는 더 많은 시간을 일해도 갈수록 가난해지는 현상이다.

이는 자본주의 국가뿐만 아니라 시장경제를 도입한 사회주의나 공산주의 국가에서도 동일하게 일어나는 현상이다. 예컨대 공산주의 국가인 중국의 도시 지역 가처분 소득의 상위 20%와 하위 20%와의 격차는 2000년 이전에는 약 2.5배 수준이었지만 그로부터 20년이 지난

인생을 바꾸는 봉지라면 재테크

2022년에는 무려 6.3배로 두 배 이상 벌어졌다. 그 때문에 시진핑 정부는 2021년 8월에 '공동부유(共同富裕)', 즉 부의 분배를 개선해 다 같이 잘 살자는 정책을 표방하면서 알리바바 등 그때 당시 크게 성장하고 있었던 인터넷 기업을 강하게 규제했다. 하지만 오히려 중국의 인터넷 산업의 성장을 가로막아 경제성장은 물론 청년들의 취업 시장을 크게 위축시키는 결과를 초래했다.

자본주의에서 탐욕의 양면성

그렇다면 인류의 탄생과 함께 만들어진 자본주의의 모순은 도대체 어디에서 비롯되었을까? 바로 사람들의 탐욕이다. 탐욕은 내가 가진 소유를 더욱 확장하고 싶은 마음이며 다른 사람들보다 내가 더 많이 가지기를 원하는 마음이다. 따라서 자본주의 사회에서 경쟁과 갈등은 당연한 것이고 갈수록 치열해질 수밖에 없다.

자본주의에서 사람들의 탐욕은 양면성이 있다. 한편으로는 보다 적극적인 동기부여를 통해 경제활동을 촉진하는 동시에 다른 한편으로는 부의 양극화로 대표되는 자본주의의 모순을 극대화시킨다. 이때 자본주의는 사람들의 탐욕이 시장을 통해 자연스럽게 교환될 수 있는 자유를 보장하는 반면, 사회주의나 공산주의는 그 같은 자유를 일부 혹은 전부 제한함으로서 자본주의 모순을 개선하거나 없앨 수 있다고 믿는다. 물론 그 결과가 어떻게 되었는지는 역사적 사실을 통해 알 수 있지만, 어찌 됐든 인간의 탐욕은 경쟁을 부추기면서 수많은 갈등을 야기하는 근본적인 원인으로 자리 잡고 있다.

그렇다고 필자는 부의 양극화를 개선하고 경제 정의를 회복해야 한다(거의 불가능에 가깝지만)는 이야기를 하려는 것이 아니다. 앞에서 인류의 탄생과 함께 생겨난 자본주의는 인류가 종말에 이르기까지 성장할 수밖에 없다고 했다. 또한 인간의 탐욕이 사라지지 않는 한 자본주의는 계속 성장하는 동시에 그 모순도 더욱 커질 것이다. 자본주의가 누군가의 희생을 먹고 성장하는 본능을 가졌기 때문이다.

예컨대 주식시장은 시세보다 더 싸게 사려는 사람들과 더 비싸게 팔려는 사람들의 치열한 눈치 작전이 실시간으로 전개된다. 심지어 기관이나 외국인 투자자들이 공매도를 이용해 가격을 합법적으로 조작하는 것도 가능하다. 소위 '작전주'들은 또 어떤가?

일상의 경제활동에서도 자신의 이익을 위해 다른 사람이 걸려들기를 기대하면서 올가미를 쳐 놓는 경우가 허다하다. 잊을 만하면 등장하는 기업들끼리의 가격담합은 같은 시장 참여자들의 이윤 창출의 기회를 박탈할 뿐만 아니라 소비자들이 보다 저렴한 가격에 구매할 수 있는 기회를 빼앗는다. 즉 자본주의는 돈과 정보를 장악한 쪽에서 가격을 결정할 수 있는 힘이 강하기 때문에 약자는 더 많은 위험을 감수할 수밖에 없다. 그 결과 크고 작은 경제위기가 지나고 나면 부자들의 재산은 더욱 불어나고 가난한 자는 더욱 궁핍해진다.

글로벌 경제와 투자시장에서도 마찬가지다. 기축통화인 달러 발행권을 가진 미국은 그렇지 못한 국가, 예컨대 한국과의 관계에서 압도적 우위에 있을 수밖에 없다. 그뿐만 아니라 한국은 글로벌 경제위기 등 만약의 경우를 대비해 수천억 달러, 원화로 환산하면 수백조 원의 외화를 금고에 보관하고 있어야 한다. 2023년 말 기준으로 한국의 외환 보유액은 4천억 달러, 원화로 환산하면 500조 원이 넘는다. 물론 미국은 전혀 그럴 필요가 없다.

그뿐인가? 미국은 달러 발행권을 적절히 이용해 전 세계의 금리정책이나 환율정책을 주도하면서 기회가 생길 때마다 금융 시스템이 불안정한 아시아 신흥국들을 이용해 미국의 부를 확대하는 '양털깎기'와 같은 음모론의 주인공이 되기도 한다.

자본주의 성장의 역설

자본주의는 태생적으로 절대 공평하지 않다. 국가 간에도 마찬가지고 기업과 개인도 마찬가지다. 그 결과 부의 양극화는 갈수록 심해질 수밖에 없다. 그렇다고 부자들만 경제를 독식할 수 없는 것은 가난한 자들을 시장 거래에 참여시켜야만 그들의 자산도 불어날 수 있기 때문이다. 그 때문에 모든 자본주의 국가는 실직자뿐만 아니라 신용불량자에 이르기까지 경제활동에 참여할 수 있는 프로그램을 제공하고 있다. 그것을 도박판에 비유하면 돈을 딴 사람이 돈을 완전히 잃은 사람에게 개평을 주는 것과 같다. 개평을 받은 사람은 그 돈으로 투자시장에 다시 뛰어든다.

그래서 알아야 한다. 빚만 가득한 집 한 채를 가졌다고 해서 결코 잘 사는 것이 아니며 오히려 누군가가 쳐 놓은 올가미에 걸려들었을지도 모른다는 사실을 말이다. 2023년 말 기준으로 가계 부채는 무려 1,900조 원에 육박하면서 한국은 가계 부채가 GDP 대비 100%를 초과한 유일한 국가다. 특히 세 곳 이상의 금융기관에서 대출받은 다중 채무자가 400만 명 이상이라는 사실은 압축성장을 통한 한국의 자본주의가 모든 사람을 다 같이 잘 살게 한 것이 아니라 갈수록 소수의 부자들에게 돈이 집중되고 있다는 것을 알게 한다. 자본주의 성장의 역설, 즉 '다 같이 잘 살고자 하면 다 같이 망한다.'라는 것은 한국의 자본주의에도 어김없이 적용되어왔으며 앞으로도 그럴 것이다.

특히 투자시장에서는 좋을 때든 나쁠 때든 자신들의 탐욕을 위해 호구를 물색하면서 투자시장을 흔드는 세력들이 항상 존재한다는 것을 기억하면서 그럴 때마다 자본주의는 성장할 수밖에 없다는 믿음을 바탕으로 평균에 대한 투자를 중단하지 않는 것이 내 돈을 지키고 불리는 가장 쉽고 간단한 방법이라는 사실을 다시 한번 강조한다.

왜 미국인가? 앞으로도 미국일까?

봉지라면 재테크는 기본적으로 미국 경제의 평균적인 성장에 투자하는 것이다. 그렇다면 이런 의문을 가질 수 있다. 왜 미국인가? 앞으로도 미국일까? 지금까지 정리한 자본주의 성장에 대한 몇 가지 이유를 이해했다면 그닥 어려운 대답은 아닐 것이다.

왜 미국인가 - ① 인구

첫 번째는 인구 측면이다. 자본주의는 인류의 시작과 함께 탄생했기 때문에 자본주의 종말 역시 인류의 멸망이 전제되어야 한다. 이때 인류라고 하는 것은 곧 인구를 뜻한다. 일반적으로 한 국가가 자력으로

1장 투자는 모르지만 돈 걱정 없이 살고 싶다

경제를 유지할 수 있는 최소한의 인구는 1억 명이라고 한다. 그 절반 정도에 불과한 한국이 수출에 주력해야 하는 현실적인 이유이며 인구 3억 명의 미국이 수출보다 내수(소비)가 경제를 주도하는 이유이기도 하다. 따라서 인구가 늘어나는 국가는 계속 성장하겠지만 인구가 줄어드는 국가는 상당한 어려움을 겪을 것이다.

이 같은 현상은 중국과 인도의 인구 변화와 경제에서 확실하게 나타난다. 예컨대 대부분의 투자 전문가들은 인도를 가장 매력 있는 투자 대상 국가로 손꼽는 데 주저하지 않는 이유도 단연 인구에 있다. 인도는 힌두교 원본주의의 영향으로 결혼은 신성한 의무이자 관습이기 때문에 어린 나이에 결혼하고 출산하는 여성 비중이 매우 높다. 반면 중국은 한때 강력한 출산 제한 정책으로 인해 전 세계 인구 최다국의 지위를 인도에 빼앗겼을 뿐만 아니라 이미 저출산 고령화의 문턱에 들어섰다. 최근 인도 경제의 부상과 대비되는 중국 경제의 침체는 서로 반대되는 인구 변화가 큰 영향을 끼치고 있는 것이다. 예컨대 두 국가의 인구는 비슷하지만 2022년 기준 출생률은 인도가 2.0명인 반면 중국은 1.07명으로 무려 2배 가까이 차이가 난다.

출산율이 격감하는 선진국의 경우에는 인구 고령화로 인한 불안감이 커지고 있다. 인구 1억 1,500만 명의 일본 역시 2022년 신생아가 80만 명 아래로 급감하면서 마침내 일본 정부는 인구 감소로 인해 사회가 붕괴되기 직전이라는 전망을 내놓았다. 2022년 기준 일본의 출산율은 1.3명이다. 한국은 자력으로 경제를 유지할 수 있는 인구도 되지 않거니와 선진국에 안착하기도 전부터 출산율의 급격한 감소로 인한 고령화와 인구 감소를 걱정하는 형편이다. 심지어 2023년 4분기 기준 합계 출산율은 0.65명으로 세계에서 가장 낮다.

인구 감소에 시달리는 것은 선진국이 많은 유럽도 마찬가지다. 유럽연합통계국에서 2010년부터 2021년까지 27개 회원국의 출산율 추이를 분석한 결과에 따르면 유로존 전체 출산율은 같은 기간 동안 9.1%p나 하락했다. 개별 국가들로 따져보면 독일, 헝가리, 체코 등 일부 국가를 제외한 대부분의 유럽 국가들의 출산율이 급격히 하락하고 있는 것으로 나타났다. 특히 대표적인 복지국가로 알려진 핀란드의 경우 같은 기간 동안 출산율은 무려 21.9%p 하락했고 아일랜드 17.1%p, 스웨덴 15.7%p, 룩셈부르크 15.3%p, 이탈리아 14.4%p, 벨기에 14%p, 스페인 13.1%p 등이었다.

그러나 미국은 이민자의 유입 덕분에 인구 측면에서 매우 큰 장점을 가지고 있다. 2023년 현재 미국 인구에서 이민자가 차지하는 비율은 약 15%, 5,100만 명인데 이것은 한국 전체 인구와 맞먹는다. 2021년 기준으로 1.66명에 불과한 미국의 합계 출산율은 이민자들로 인해 보완되고 있다. 왜냐하면 이민이 없을 때 현재 인구 수준을 유지할 수 있는 출산율은 2.1명이기 때문이다.

실제로 2023년 3월 24일 미의회예산국(CBO)이 발표한 향후 30년간 미국 인구 전망 보고서에 따르면 미국 인구는 2022년 약 3억 3천만 명에서 2053년 3억 7천만 명으로 매년 평균 0.3% 증가할 것으로 예상되었는데 저출산으로 인한 인구 감소분을 채우는 것은 단연 이민자들이었다. 2023년부터 2053년까지 미국으로의 순 이민자 수(미국 내 유입에서 유출을 뺀 수)는 연평균 110만 명에 달하면서 향후 10년간 전체 인구 증가의 3/4을 이민이 차지하고 1/4을 출생에 의한 인구 증가분이 담당할 것으로 예측했다. 그 이후부터는 인구 증가를 이민자들이 주도하게 된다는 것이다. 따라서 미국은 인구 측면에서 매우 유리한 국가 가운데 하나다.

왜 미국인가 - ② 기술

두 번째는 기술이다. 기술은 기술 그 자체뿐만 아니라 그것을 이용해 제품과 서비스를 만드는 기반시설과 그것들을 유통하는 시장 등 세 가지 요소가 결합될 때 경제적인 부가가치가 극대화된다. 여기서 기술 그 자체, 즉 반도체를 비롯한 원천기술의 대부분은 미국과 유럽이 보유하고 있다.

특히 반도체 핵심 장비 및 설계 분야에서 미국은 세계 1위의 원천기술 보유국이다. 최근 붐이 일고 있는 인공지능 챗GPT 등 4차 산업혁명에 필요한 원천기술도 대부분 미국이 장악하고 있다. 미국이 중국을 강하게 밀어붙일 수 있는 현실적인 이유이기도 하다.

이 같은 원천기술은 장기적인 관점에서 오랜 기간 많은 돈을 투자해 연구를 거듭한 결과로서 미국과 유럽 등의 서구 선진국들은 일찍부터 기초과학의 중요성을 깨닫고 연구해왔다. 한국이 세계 1위라는 조선 산업의 원천기술도 오래전부터 해양대국을 꿈꾸어왔던 유럽이 장악하고 표준화해왔기 때문에 우리는 그 같은 원천기술을 사용하는 대신 상당한 사용료(로열티)를 지불한다.

미국과 유럽 다음으로는 일찍이 근대화에 눈을 뜬 일본도 있다. 예컨대 노벨과학상을 수상한 일본인은 지금까지 25명이지만 한국은 단한 명도 없다. 인도 역시 7명의 노벨과학상 수상자를 배출했지만 미국 다음의 경제대국이라는 중국은 고작 3명에 불과하다.

따라서 미국은 인구 측면에서도 매우 유리할 뿐만 아니라 기술 측면에서도 절대적인 우위를 점하고 있다. 반대로 한국은 물론 유럽과 일본 등은 인구 측면의 약점을 어떻게 극복할 것이냐의 문제가 성장에 상당한 영향을 미칠 것이다. 특히 한국은 반도체와 IT 분야에서 상대적으로 고도의 기술을 보유했지만 원천기술은 특히 미국에 종속되어 있다는 점과 인구문제 및 가계부채로 인해 미래를 낙관할 수 없는 형편이다.

왜 미국인가 – ③ 자본주의 성장의 역설

마지막 세 번째는 자본주의 성장의 역설, '다 같이 잘 살기 원하면 다 같이 망한다.'라는 진실 때문이다. 더불어 자본주의 성장의 핵심 동기가 자유경쟁으로 포장된 사람들의 탐욕에 있다는 점도 잊지 말아야 한다.

앞서 중국의 공동부유 정책의 실패에서도 이해할 수 있었듯 탐욕을

억누르는 국가일수록 성장은 지체될 수밖에 없다. 반면 탐욕을 자유롭게 놔두면 부의 불평등이 심화되면서 사회적 갈등은 커질 수밖에 없다. 그래서 모든 자본주의 국가의 핵심 정책들은 자유경쟁과 분배의 적절한 균형을 찾는 데 초점을 맞추고 있다.

각국의 성장 배경에 따라 자유경쟁을 우선하는 국가와 분배를 우선하는 국가로 나누어지는 것은 어쩔 수 없는 현상이다. 예컨대 자유경쟁을 우선하는 미국과 달리 북유럽 국가들을 비롯한 유럽 국가들은 상대적으로 분배에 더 많은 정책을 집중한다. 분배정책의 가장 강력한 수단은 세금이기 때문에 이들 국가의 세금은 당연히 많다. 2020년 기준으로 한국의 면세자 비율은 40%에 달하지만 스웨덴은 6.6%에 불과할 만큼 거의 모든 국민이 세금을 부담하고 있으며, 국민 1인당 부담하는 세율도 높다. 스웨덴의 높은 세율 때문에 이케아는 본사를 네덜란드로 옮겼을 정도다. 반대로 아일랜드는 특이하게 상대적으로 낮은 법인세 정책을 활용해 다른 나라의 대기업들을 유치함으로써 부국으로 성장하기도 했지만, 유럽 전체적으로는 미국에 비해 다 같이 잘살아야 한다는 보편적 정책이 두드러진다.

그 결과 국제통화기금(IMF)에 따르면 2차 세계대전 이후 서구 자본주의의 양대 축이었던 미국과 유럽의 경제적 격차는 갈수록 벌어지면서 2012년 GDP 기준으로 미국이 유럽을 추월하기에 이르렀고 지난 2022년에는 그 격차가 무려 8조 8천억 달러(약 1경 1,500조 원)까지 벌어졌다.

유럽국제정치경제센터(ECIPE)에 따르면 2021년 유럽연합(EU)의

민생을 바꾸는 봉지라면 재테크

1인당 평균 GDP는 미국의 50개 주 가운데 49위에 해당한다고 분석했다. 그나마 EU 국가 가운데 경제력이 앞선다는 독일과 프랑스조차 각각 39위, 49위에 불과했다. 예컨대 미국의 최대 주인 캘리포니아주의 1인당 GDP는 영국보다 많고, 텍사스주와 뉴욕주까지 합친 세 개 주의 1인당 GDP는 유럽 최대 국가인 독일을 능가한다. 또한 이 같은 추세가 계속된다면 2035년에는 미국과 EU의 1인당 GDP 격차가 지금의 일본(약 4만 달러)과 에콰도르(약 6천 달러)만큼 벌어질 것이라는 암울한 전망을 내놓았다.

소득 수준도 마찬가지다. 경제협력개발기구(OECD)에 따르면 2022년 미국인의 연평균 소득은 독일보다 31%, 프랑스보다는 무려 47%나 높다. 높은 소득 수준은 당연히 높은 지출로 이어지면서 2021년 기준으로 미국의 소비지출은 EU의 1.5배 수준까지 벌어졌다.

부의 불평등은 심화 중

그러나 자유경쟁을 우선하는 미국이 치러야 할 대가, 그 가운데 부의 불평등은 갈수록 심각해지고 있다. 예컨대 연방의회의 회계감독기관(GAO)이 분석한 결과 51세에서 64세 사이의 근로자들은 은퇴저축에서도 소득별, 인종별로 상당한 격차가 나고 있으며 10년여 만에 그 격차는 더 크게 벌어진 것으로 나타났다. 2019년 기준으로 연 소득이 1만 9천 달러인 저소득층의 은퇴 예정 근로자들은 10명 중에 단 1명만 은퇴저축을 보유하고 있는 것으로 나타났지만, 이것은 저소득층에서 5명 중 1명이 은퇴저축을 보유했던 2007년과 비교하면 절반으로 급감한 것이다. 심지어 중산층 은퇴 예정 근로자들의 은퇴저축액도 2007년 8만 7천 달러에서 2019년에는 6만 4,700달러로 감소했다. 반면 고소득층 은퇴 예정 근로자들은 10명 중 9명이 은퇴저축을 보유하고 있었으며 은퇴저축액도 같은 기간 동안 33만 3천 달러에서 60만 5천 달러로 거의 2배 가까이 증가했다.

그 결과 은퇴저축액에서 고소득층은 중산층보다 2007년 4배 차이에서 2019년에는 무려 9배 격차로 크게 벌어졌다. 인종별로 따지더라도 백인들이 은퇴저축을 보유한 비율은 63%인 반면, 아시아계를 비롯한 다른 인종들은 41%에 불과했고 특히 흑인 근로자들은 35%만 은퇴저축을 보유하고 있었다. 은퇴저축액에서도 백인들은 평균 16만 4천 달러였으나 다른 인종들은 8만 달러로 무려 2배의 격차를 보였다. 즉 같은 기간 동안 미국 경제는 글로벌 금융위기에도 불구하고 지속적인 경제 성장과 소득 증가, 주가 급등 등의 놀라운 성과를 이루었지만 그로 인한 혜택은 고소득층에게 집중되면서 서민층과의 격차는 더욱 악화된 것으로 나타났다.

결과적으로 부의 양극화는 갈수록 심화되고 있지만, 미국은 앞서 살펴본 세 가지 측면인 인구, 기술, 국가 경제적 격차 등을 종합할 때 지금도 앞으로도 기회의 땅이다. 물론 영원한 제국은 없다. 미국 역시 언젠가는 현재의 패권에서 물러날 것이다. 달러가 휴지조각이 된다는 예

인생을 바꾸는 봉지라면 재테크

언도 있고 비트코인이 미국의 달러패권을 훨씬 빨리 붕괴시킬 것이라는 전망도 있다. 그러나 지금 우리는 수십 년, 수백 년 뒤의 미래를 걱정하는 것이 아니다. 지금 당장 우리가 할 수 있는 가장 현실적인 선택에 집중해야 한다. 그 선택은 단연코 미국이다.

봉지라면 끓이는 데 전문가는 필요 없다

자, 여기까지 읽었다면 당신이 해야 할 선택은 정해졌다. 당신의 여 윳돈을 자본주의 성장의 평균을 뜻하는 냄비에 넣고 최소 3년, 가능하면 5년 이상 끓여라. 그것은 마치 봉지라면 끓이는 것과 같다. 요리 전문가가 될 필요가 없듯 투자 전문가가 될 필요도 없다.

역사적으로도 그렇다. 그동안의 숱한 전쟁을 제외하고 경제적인 문제만 보더라도 1997년 한국의 IMF, 2000년 닷컴버블, 2001년 미국 뉴욕의 쌍둥이빌딩이 무너진 9·11테러, 2008년 글로벌 금융위기, 2011년 PIGS 금융위기, 2018년 미중무역전쟁, 2020년 영국의 브렉시트(유럽연합 탈퇴) 및 코로나19, 2022년에서 2023년에 걸친 기준금리 인상 등 크고 작은 경제위기가 불거질 때마다 주식시장은 폭탄을 맞은 것처럼 폭락했다. 그러나 그때를 경험한 사람들은 한결같이 말한다.

인생을 바꾸는 봉지라면 재테크

"그때 투자했을 걸⋯.""그때 팔지 말았을 걸⋯."

그 기간 동안 미국의 S&P500 지수는 2000년 닷컴버블이 터지기 직전의 고점에서부터 2023년 12월의 마지막 날까지 313%나 올랐고 IT 산업의 평균으로 생각할 수 있는 미국의 나스닥100 지수는 닷컴버블이 터지기 직전의 고점에서 80% 이상 폭락했음에도 불구하고 같은 기간 358%나 올랐다. 만약 닷컴버블이 터진 이후의 저점에서 나스닥100 지수에 투자했다면 2023년 12월의 마지막 날까지 무려 1,930%의 로 또를 맞았을 것이다. 만약 1억 원을 투자했다면 19억 원 이상이 되었으니 원금 1억 원이 매년 7,800만 원 정도씩 불어났다는 뜻이다. 더 놀라운 것은 그 같은 수익이 최근 엔비디아와 같은 대박주에 투자했던 것이 아니라 그저 자본주의 성장의 평균에 투자한 결과라는 사실이다. 이것이 자본주의다.

'그렇다고 20년을 어떻게 기다려?' 하는 사람은 당장 2020년의 코로나19 때를 기억해보자. 그때 폭탄 맞은 자본주의의 저점이었던 2020년 4월에 투자했다면 2023년 12월의 마지막 날까지 S&P500 지수는 200%에 가까운 수익을 냈고 나스닥100 지수는 220%의 수익을 냈다. 채 4년이 되지 않은 기간 동안 S&P500 지수는 연 복리 19%, 나스닥100 지수는 연 복리 23%의 수익을 냈다. 그렇다고 전문적인 투자 공부를 했던 것이 아니라 그저 자본주의 성장의 평균에 투자했을 뿐이다. 따라서 자본주의의 성장을 의심하지 않는다면 자본주의 성장의 평균에 투자하는 것만큼 확실하고 예측 가능한 투자법은 없다. 봉지라면이 끓는 데 필요한 최소한의 시간만 필요할 뿐이다.

금융정보업체 에프앤가이드(FnGuide)에 따르면 2003년 10월 23일 기준 국내에 설정된 설정액 10억 원 이상 공모펀드의 5년 평균 수익률은 헬스케어 분야와 중국 및 러시아에 직간접적으로 투자했던 펀드를 제외한 대부분의 펀드가 플러스였다. 주식형 펀드뿐 아니라 국내 채권형 펀드와 머니마켓펀드, 주가연계펀드 등에 가입한 투자자도 5년 동안 들고 있었다면 모두 돈을 벌었다. 또한 해외 주식형 펀드와 해외 혼합형 펀드의 5년 수익률도 플러스였고 상장지수펀드(ETF)·배당주·로보어드바이저·퀀트·ESG·IT·농산물·원자재 등 주요 테마 펀드들도 같은 기간 수익을 냈다.

조사기간이었던 5년에는 코로나19로 인한 폭락은 물론 2022년부터 미국을 비롯한 전 세계적인 금리 인상으로 인한 주식 및 채권 등 투자시장 전반이 크게 하락했던 기간이 포함되어 있다는 것을 생각하면 투자에서의 5년이 얼마나 중요한 기간인지를 확인할 수 있다. 나아가 에프앤가이드에서 발표한 결과에서 몇 가지 사실을 고려할 필요가 있다.

첫째, 5년 이상 평균 수익률이라는 뜻은 5년 전의 가격과 5년 후의 가격을 비교한 것이므로 매달 정액 적립식 투자가 아닌 일시금 투자에 해당된다. 따라서 모든 펀드가 아닌 '대부분의 펀드'가 플러스였다. 만약 매달 정액 적립식 투자 방식을 적용했다면 플러스를 기록한 펀드는 훨씬 더 많았을 것이다.

둘째, 자본주의 성장의 평균에 투자하는 지수형 ETF가 아닌 대부분의 공모펀드인 경우에도 5년이라는 시간은 라면을 끓이기에 충분한 시간이었다는 사실이다.

셋째, ETF 가운데 테마형 ETF와 액티브 ETF를 구별하는 것도 중요하다. 특정 산업이나 업종에 투자하는 테마형 ETF는 해당 산업이나 업종의 변동성이 자본주의 전체의 평균보다 크기 때문에 특히 장기투자에서 주의가 필요하다. 또한 펀드 매니저의 의지가 일부(대체로 30% 내외) 반영되는 액티브 ETF의 경우에는 비용도 비싸지만 시장지수를 그대로 추종하는 ETF보다 변동성이 클 수밖에 없다. 따라서 봉지라면 재테크는 기본적으로 미국을 대표하는 ETF를 중심으로 하되 필요에 따라 제한적인 범위에서 테마형 ETF를 활용하는 것이 좋다.

이 모든 것을 종합할 때 봉지라면 재테크는 다음의 세 가지를 꼭 기억해야 한다.

첫째, 자본주의의 평균적인 성장을 추종하는 미국 ETF에 투자하라.
둘째, 경제와 투자시장의 상황과 관계없이 매달 정해진 날짜에 투자하라.
셋째, 최소 3년, 가능하면 5년 이상 투자하라.

이 세 가지를 지킬 수만 있다면 돈 들여가면서 투자 전문가가 되려고 애쓸 필요는 없다. 봉지라면 끓이는 데 전문가가 될 필요가 없는 것처럼. 물론 봉지라면 살 돈은 있어야 하니 반드시 여윳돈으로 투자해야 한다.

75

1장 투자는 모르지만 돈 걱정 없이 살고 싶다

미국라면이 좋을까?
한국라면이 좋을까?

자본주의 성장의 평균에 투자하는 가장 좋은 방법은 미국 경제에 투자하는 것이다. 2024년 5월 말 현재 전 세계 주식시장에서 미국의 다우 및 나스닥시장이 차지하는 비중은 약 40%로 압도적이기 때문이다. 또한 미국 주식시장에 상장된 기업 가운데 대표적인 500개 기업 주식의 평균을 뜻하는 S&P500 지수는 '미국 가운데 미국'이라고 표현해도 될 만큼 전 세계 자본주의 성장의 평균을 대표하는 지수다.

물론 전 세계 모든 국가의 평균을 뜻하는 글로벌 지수도 있다. 그러나 봉지라면 재테크는 수익을 내는 것이 목적이기 때문에 상대적인 기업이익이 압도적으로 높은 미국의 대표 기업들의 평균 주가에 관심을 가지는 것이다. 따라서 S&P500 지수를 추종하는 ETF에 투자하는 것이 가장 기본적인 매뉴얼이다.

인생을 바꾸는 봉지라면 재테크

이 같은 ETF에 투자하는 방법은 크게 두 가지가 있다. 편의상 미국라면과 한국라면으로 구별해보자. 미국라면은 미국 주식시장에 달러로 미국 ETF에 투자하는 것이고 한국라면은 국내 주식시장에 상장된 해외 지수 추종 글로벌 ETF에 원화로 투자하는 것이다. 예컨대 한국 주식시장에서도 다양한 자산운용사가 S&P500 지수를 추종하는 ETF를 운용하고 있다.

본질적으로 미국라면이든 한국라면이든 동일한 지수를 추종하지만 반드시 동일한 결과를 얻는 것은 아니다. 그렇다면 미국라면과 한국라면의 다른 점은 무엇이며 그것이 구체적으로 당신의 재테크에 어떤 영향을 끼치는지 정리해보자.

환율 변동에 따른 영향

첫째, 미국라면은 달러로 투자하고 한국라면은 원화로 투자한다. 이것은 달러로 투자하는 미국라면의 경우 해당 ETF의 가격 외에도 달러 가격의 변화, 즉 원·달러 환율의 변화에 영향을 받지만 한국라면은 환율 변화에 영향을 받을 수도 있고 받지 않을 수도 있다는 점이다. 전자는 환노출형 ETF이고, 후자는 환헤지형 ETF로 해당 ETF 이름 끝에 환헤지를 뜻하는 '(H)'가 붙는다. 그렇다면 환노출형과 환헤지형은 수익에 어떤 영향을 끼칠까?

예컨대 미국의 S&P500 지수를 추종하는 국내 상장 ETF인 KODEX

미국S&P500TR은 해당 ETF가 상장된 2021년 4월 9일부터 2023년 12월 말까지 38%를 벌었다. 그러나 동일한 지수를 추종하는 미국 ETF인 IVV, SPY는 같은 기간 동안 약 16%를 버는 데 그쳤다. 무려 2배 이상 차이가 발생한 이유는 같은 기간 동안 원·달러 환율이 1달러당 1,121원에서 1,299원으로 16% 상승했기 때문이다. 중요한 것은 KODEX 미국S&P500TR은 환헤지를 하지 않고 환율 변동에 노출된 상품이기 때문에 환율 변동으로 인한 환차익을 덤으로 얻을 수 있었다는 사실이다. 반대로 미국의 S&P500 지수를 추종하는 국내 상장 ETF 가운데 환율 변화에 영향을 받지 않는 환헤지형에 투자했다면 같은 기간 동안 16%를 버는 데 그쳤을 것이다. 환헤지형은 별도의 환헤지 비용이 든다는 것도 알아두자.

물론 미국 ETF인 IVV, SPY에 달러로 투자한 한국 투자자도 같은 기간 동안의 수익을 원화로 환산하면 그만큼의 수익을 얻었을 것이다.

그렇다고 환헤지형이 무조건 불리하다고 말하는 것은 아니다. 환율 하락(달러 약세) 시기에는 환헤지형이 유리하다. 미국의 기준금리 인상이 막바지에 이르렀다는 인식이 강했던 2022년 하반기 이후부터 미국지수를 추종하는 국내 상장 ETF 가운데 환헤지형이 많이 등장한 이유이기도 하다. 따라서 환율 변동을 감안해 환헤지형 혹은 환노출형으로 적절히 갈아타면 된다. 다만 필자는 장기적으로 한국의 원화 대비 달러 가치가 과거와 같은 수준으로 돌아가기는 쉽지 않다고 생각한다.

인생을 바꾸는 봉지라면 재테크

원·달러 환율을 결정하는 세 가지 요소

달러 가치는 절대적인 가치와 상대적인 가치로 구별할 수 있는데, 한국 투자자 입장인 우리는 절대적인 달러 가치는 물론 상대적인 달러 가치에도 함께 관심을 가져야 한다. 이때 영향을 주는 것은 크게 세 가지 요소, 미국 경제와 달러 공급량 그리고 한국 경제다.

달러의 절대적인 가치에 영향을 주는 것은 미국 경제와 달러 공급량이다. 물론 미국 경제가 좋아지면 달러 가치는 상승하고 달러 공급량이 많아지면 달러 가치는 하락한다. 한편 달러의 상대적인 가치, 예컨대 원화와의 비교 가치는 미국 경제와 달러 공급량뿐만 아니라 한국 경제도 직접적인 영향을 받는다. 미국 경제와 달러 공급이 동일하다고 가정할 때 한국 경제가 좋으면 원·달러 환율은 떨어진다. 즉 달러 대비 원화 가치가 오른다. 반대의 경우는 당연히 원·달러 환율이 오른다. 즉 원화 대비 달러 가치가 오른다.

달러 공급량은 특히 지난 2020년의 코로나19 이후부터 폭발적으로 증가했는데 그 같은 추세는 미국의 대규모 재정 적자 때문에 앞으로도 계속 이어질 것으로 예상한다. 혹자는 달러 가치의 하락뿐만 아니라 달러패권의 종식을 전망하기도 한다. 하지만 달러 공급량은 달러에 대한 절대적인 가치에 영향을 주지만 한국의 원화와 대비한 상대적 가치에는 그만큼의 영향을 주지 못할 수도 있다. 기본적으로 한국 경제는 미국의 종속되어 있는 측면이 강하기 때문이다.

미국은 대표적인 소비 국가이지만 한국은 대표적인 수출 국가다. 또한 한국은 미국 경제의 공급 체인에 밀접하게 관련되어 있기 때문에 미국 경제가 침체하면 한국 경제는 덩달아 침체에 빠질 수밖에 없다. 따라서 미국 경제는 좋지 않은데 한국 경제만 좋아질 일은 기대하기 힘들다. 특히 한국 경제만 놓고 본다면 세계 최고 수준의 가계 부채와 저출산율, 초고령화 등으로 미래가 결코 밝지만은 않다. 구조적으로 해결하기 매우 힘들거나 설령 개선된다 하더라도 상당한 시간이 필요하기 때문이다. 그 문제들은 특히 한국 경제의 내수 소비에 가장 큰 영향을 줄 것이다. 인구는 물론 한국 경제 자체가 늙어 가면서 소비성향이 줄어들 수 있기 때문이다. 따라서 한국 경제의 미래를 생각할 때 앞으로의 원·달러 환율은 달러 공급량 증가에도 불구하고 하락하는 데 한계가 있을 것이다.

미국 경제가 나빠지면 어떻게 될까? 기본적으로 한국 경제는 미국 경제에 종속되어 있는 측면이 강하다는 점을 생각하면 미국 경제의 침체는 당연히 한국 경제에 부정적 영향을 미칠 것이다. 더 중요한 것은 미국 경제의 침체는 전 세계 경제의 침체를 불러일으킬 수 있고 그렇게 되면 전 세계 금융시장 역시 불안해질 수 있다. 세계 경제가 불안해지면 기축통화인 달러 가치는 당연히 상승한다. 결과적으로 미국 경제가 침체에 빠지면 원·달러 환율은 상승을 넘어 폭등할 수도 있다. 요컨대 앞으로 원·달러 환율은 기준금리 변화 및 달러 공급을 비롯한 여러 가지 요인들로 인해 어느 정도 영향을 받겠지만 과거 저금리 시대에서처럼 큰 폭의 하락은 힘들지 않을까 생각한다.

따라서 미국 주식시장에서 달러로 ETF를 사는 것, 즉 미국라면을 선택하는 것은 장기적으로 투자자산의 안정성을 더할 수 있을 것이다. 한국 투자자 입장에서는 투자자산 자체의 손실이 있다 하더라도 그로 인한 환율 상승으로 원화로 환산할 때 자산의 손실을 축소하거나 어떤 경우에는 환차익에 따른 투자자산의 이익을 기대할 수도 있기 때문이다. 미국 주식시장에서 달러로 투자한다는 것은 고소득자나 금융종합소득세 과세를 걱정하는 사람이 아니더라도 전체적인 투자 포트폴리오의 안정성을 더하기 원하는 모든 투자자에게 일정 부분 필요하다.

세금, 계좌, 종류 등의 차이점

둘째, 미국라면과 한국라면의 경우 수익에 대한 세금이 다르다. 뒤에서 더 자세히 설명하기 전에 핵심적인 부분만 언급하면, 미국라면의 경우 수익을 실현할 때 발생한 수익에 대한 22%의 양도소득세를 차감한다. 이때 또 다른 해외 자산 투자 수익이 있다면 합산해 부과한다. 해외 자산 투자 수익에서 250만 원을 공제한다는 것도 기억하자. 즉 1년 동안 발생한 해외 자산 투자 수익에서 250만 원을 공제한 다음 나머지 수익에 대한 22%의 세금을 떼는 것이다. 반면 한국에 상장된 해외 지수 추종 글로벌 ETF, 즉 한국라면의 경우 투자 수익에 대한 15.4%의 배당소득세를 공제한다.

한편으로 미국라면의 실현수익에 대한 과세는 분리과세로 끝나기 때문에 국내의 다른 소득과 종합해 세금이 부과되지 않지만, 한국라면

1장 투자는 모르지만 돈 걱정 없이 살고 싶다

의 실현수익에 대한 과세는 기본적으로 국내의 다른 금융소득세는 물론 종합소득세에도 합산된다는 것도 참고할 필요가 있다. 그래서 고소득자 혹은 금융종합소득세에 부담을 느끼는 투자자라면 미국라면이 도움이 될 수 있다.

셋째, 미국라면의 경우 흔히들 은퇴 준비나 세액공제 등의 절세를 위해 가입하는 ISA나 연금저축 및 IRP, 그리고 퇴직연금제도의 DC형 등의 제도성 계좌에서는 투자할 수 없다. 절세 혜택을 받는 계좌들은 나라 밖으로 자금이 유출되는 것을 금지하고 있기 때문이다. 제도성 계좌를 통해 투자하려면 한국라면을 선택해야 한다.

마지막으로 넷째, 미국라면은 종류가 엄청 많다. 세계 자본주의와 금융시장의 중심이기 때문이다. 반면 미국 시장에 비해 수요가 많지 않은 한국라면은 종류가 제한적이다. 그렇지만 미국라면 가운데 아주 인기가 높은 것들은 대체로 한국 시장에서도 구매할 수 있다. 예컨대 S&P500 지수를 추종하는 ETF나 나스닥100 지수를 추종하는 ETF 또는 세계적인 반도체 지수인 필라델피아 반도체 지수를 추종하는 ETF뿐만 아니라 미국의 20년 이상 장기국채 지수를 추종하는 ETF 등도 한국 시장에서 구매할 수 있다. 물론 특별한 맛을 원한다면 미국 주식 시장에서 미국라면을 사야 하는 경우도 있다. 앞으로 '입맛대로 선택하는 봉지라면 가판대'에서 살펴보자.

PART 2

입맛 따라 선택하는
봉지라면 가판대: 자산증식용

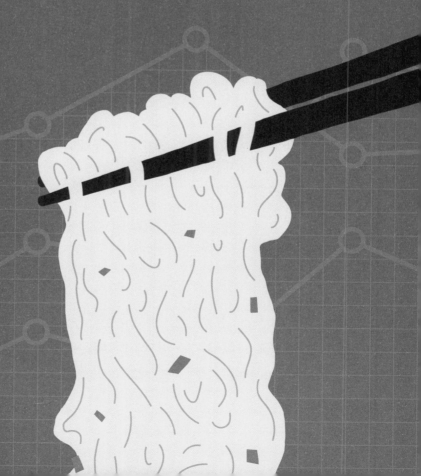

2장에서 제시된 봉지라면 포트폴리오와 해당 포트폴리오에 인용된 과거 수익률 및 그에
바탕한 기대수익률과 기대현금흐름은 필자의 주관적인 의견을 바탕으로 독자들의 이해를
돕기 위한 예시일 뿐 미래의 투자 결과를 보증하지 않습니다.

INTRO

돈은 인생의 필요, 즉 언제, 어디에, 얼마나, 어떻게 사용하기 원하느냐에 따라 투자방법과 상품을 정할 수 있다. 당장에 목돈은 없지만 지금부터 매달 조금씩 투자해 결혼, 주택마련, 자녀양육, 창업, 노후에 필요한 목돈을 만들기 위한 목적이 있고 현재 가진 목돈 또는 종잣돈을 그 같은 목적을 위해 불리기 원하는 경우도 있다. 이것을 크게 두 가지로 구분하면 첫째는 경제활동기에 인생의 다양한 필요를 위한 목돈을 만드는 것과 둘째는 은퇴 이후에 현재 준비한 목돈과 다양한 연금 관련 자산을 관리하는 것이다.

총 16개에 이르는 봉지라면 레시피도 위 두 가지 목적에 따라 2장의 자산증식형과 3장의 연금형으로 구분해 정리했다. 따라서 독자들의 입맛, 즉 각자의 개별적인 재정상황 및 투자성향이나 투자에 대한 경험, 소득의 안정성, 투자기간 등을 종합적으로 판단해 2장과 3장을 넘나들며 활용할 수 있다. 이때 봉지라면 내비게이터를 적절히 활용하면 도움이 될 것이다.

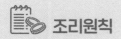 **조리원칙**

2장은 주로 자산증식 목적에 활용할 수 있는 봉지라면으로 구성되어 있다. 물론 재정 형편에 따라 이미 형성된 자산을 활용하기 위해 선택할 수도 있다.

기본적인 조리방법은 선택한 봉지라면 레시피대로 목표로 정한 투자기간까지 미련하게 투자하는 것이다. 즉 오르내림에 동요하지 말 것, 특히 급락 기간에 공포에 짓눌려 원금을 손해 보고 파는 대신 자본주의 성장의 평균을 믿고 끝까지 투자할 것을 권유한다. 또한 섣불리 고점매도와 저점매수 전략을 사용하지 않기를 바란다. 투자시장에서 그 누구도 족집게는 될 수 없다. 우후죽순처럼 난무하는 예언서만 가득할 뿐이다. 오히려 그럴 여유가 있다면 자신의 몸값, 즉 자기계발에 더 많은 시간을 투자할 것을 권한다.

덧붙여 몇 가지 조리원칙을 정리하면 다음과 같다.

1) 권장 투자기간

최소 3년 이상, 가능하면 5년 이상을 권장한다. 특히 매월 적립식 투자가 아닌 일시금 거치식 투자는 최소한 5년 이상을 권장한다. 왜냐하면 만약의 경우 주가가 하락하더라도 매월 적립식 투자인 경우에는 하락 직전의 고점을 회복하기 전에 원금 이상의 수익을 얻을 가능성이 일시금 투자에 비해 훨씬 높기 때문이다. 반대로 목돈을 한꺼번에 투자하는 경우에는 배당 등을 활용해 기본적인 수익을 확보할 수 있는 고배당 ETF 또는 채권형 ETF 등의 안전자산을 섞어 변동성을 낮추는 것이 좋다. 물론 그 모든 선택은 독자들의 입맛에 달려 있다.

2) 돈의 질

투자에서 '돈의 질(質, quality)'만큼 중요한 것이 없다. 반드시 여윳돈이어야 한다는 뜻이다. 자본주의는 길게 보면 항상 성장하지만 기간이 짧을수록 불확실성이 높다. 심지어 5년, 10년 이상의 장기투자를 했더라도 2020년의 코로나19처럼 갑자기 닥친 위기가 폭락을 초래해 그때까지의 수익을 상당 부분 까먹거나 손실 구간에 진입할 수도 있다. 그러나 단기 폭락은 단기 폭등으로 이어지는 경우가 많고, 그렇지 않더라도 시간이 지나면 결국 상승한다. 결국 돈은 기다릴 수 있는 사람이 가져간다.

3) 인용된 ETF

미국 경제를 대표하는 지수를 추종하는 ETF는 많지만 운용보수와 상장기간 등 모든 조건이 동일한 ETF는 없다. 물론 운용보수는 언제든 달라질 수 있다. 그것은 국내 상장 글로벌 ETF도 마찬가지다. 특히 환율 영향을 받지 않는 환헤지형(H)과 환율 영향에 노출된 환노출(언헤지)형의 차이도 고려해야 한다. 물론 환헤지형의 경우 별도의 비용이 추가된다. 봉지라면 사례에 인용된 ETF는 이 모든 것들을 종합적으로 고려해 필자가 주관적으로 선택했기 때문에 이것이 제일 나은 선택이라고 보증할 수 없으며 포트폴리오(봉지라면) 선택에 대한 모든 책임은 투자자에게 있다는 것을 다시 한번 강조한다.

4) 과거 수익률의 원천

이 책에서 사용한 모든 ETF 및 포트폴리오의 과거 수익률 추출에 활용된 데이터는 '포트폴리오 비주얼라이즈(portfoliovisualizer.com)'에서 인용했다. 배당금은

2장 입맛 따라 선택하는 봉지라면 가환대: 자산증식용

전액 재투자되는 조건이며 ETF 운용보수가 반영된 수익률이다. 또한 각각의 봉지라면을 구성하는 ETF 포트폴리오의 최초 비중이 투자기간의 경과에 따라 달라지더라도 그에 따른 리밸런싱, 즉 최초 비중에 맞게 정기적으로 재조정한다는 것을 가정하지 않았다. 물론 독자들에 따라서는 그렇게 할 수도 있으나 그로 인한 결과는 이 책에서 사용된 과거 수익률과 다를 수 있다.

또한 국내에 상장된 글로벌 ETF는 10년은커녕 1년도 되지 않은 것들도 있기 때문에 각각의 봉지라면에 적용된 과거 수익률은 미국 상장 ETF 및 포트폴리오의 과거 수익률을 동일하게 적용했다. 따라서 환율 변동은 반영되지 않았다. 또한 이것은 미국라면에 대응하는 한국라면을 선택할 때도 영향을 미쳤다. 즉 환율 변동을 반영하지 않은 미국라면을 기준으로 과거 수익률을 추출했기 때문에 한국라면의 경우 기본적으로 환노출형을 선택했다. 따라서 독자들의 판단에 따라서는 환헤지형(H)으로 대체할 수 있다.

5) 수익률의 적용

기대수익률에 적용된 과거 수익률은 월 적립식과 일시금 투자에 동일하게 적용했다. 물론 월 적립식과 일시금 투자에 대한 과거 수익률이 다를 수밖에 없지만 그것은 투자방법의 차이로 생각하기 때문이다. 특히 봉지라면 종류에 따라 과거 수익률을 산정한 기간이 짧을수록 적립과 일시금 방식에 대한 과거 수익률은 크게 다를 수 있다. 예컨대 글로벌 금융위기가 터지고 회복되기까지의 5년, 구체적으로 2007년 10월부터 2012년 9월까지의 S&P500 지수의 수익률은 월 적립식의 경우 연 복리 10%가 넘지만 일시금 투자의 경우 채 1%가 되지 않기 때문에 각각의 수익률을 다르게 적용할 때 극명한 오류에 빠질 수 있다. 또한 미래의 기대수익률은 확정되고 보증되는 것이 아니기 때문에 투자방법의 차이를 떠나 보편적인 수익률을 적용하는 것이 타당하다고 생각한다.

6) 기대수익률

4)항을 토대로 추출한 과거 수익률을 독자들의 개별적인 투자기간에 적용할 때 투자기간 리스크를 감안해 투자기간 5년은 과거 수익률의 20% 할인, 투자기간 10년까지는 과거 수익률의 10% 할인 후 소수점 이하 반올림했다. 다만 투자기간 10년 이상의 경우에는 포트폴리오 과거 수익률을 소수점 이하만 버리고 적용했다. 물론 포트폴리오의 과거 수익률을 추출한 기간이 짧은 경우에는 별도의 할인율을 적용하거나 또는 기대수익률 자체를 제시하지 않았으며 채권형 ETF처럼 수익률 자체가 상대적으로 낮은 경우의 할인율 적용은 해당 봉지라면에서 별도로 제시해놓았다.

7) 기대현금흐름

6)항의 기대수익률을 바탕으로 매월 적립식 및 일시금 투자의 경우로 구분해 각각 5년, 10년, 20년 동안의 기대현금흐름 및 누적수익률을 세금 공제 전 금액을 기준으로 예시했다. 투자금은 매월 적립식의 경우 매월 100만 원, 일시금의 경우 1천만 원을 가정했다.

8) 매수방법

증권회사의 모바일 앱을 이용해 본인이 직접 매수 또는 매도할 수도 있고 증권회사에 위탁할 수도 있다. 특히 미국 ETF를 소수점 단위까지 은행 적금처럼 매달 적립식으로 투자할 수 있는 서비스를 제공하는 증권사들도 있기 때문에 각 증권사의 모바일 앱에서 해당 서비스를 이용할 수도 있다. 다만 이 경우에는 서비스 대상 종목 또는 투자할 수 있는 금액이 제한되어 있는 경우도 있음을 참고하자.

9) 라면 바꿔 끓이기

투자기간 동안 라면 종류를 바꿀 수도 있다. 예컨대 1~2년 동안 기본라면으로 투자하다가 그 이후부터는 조금 매운라면으로 바꿔 끓일 수도 있다. 실제로 그렇게 하는 사람들도 많다. 그러면 원칙적으로 총 투자기간은 그때부터 다시 시작된다고 생각하는 것이 좋다.

인생을 바꾸는 봉지라면 재테크

기본라면

기본정보 들여다보기

미국의 S&P500 지수를 추종하는 ETF에 투자한다.

포트폴리오 예시

미국라면: IVV

미국의 S&P500 지수를 추종하는 미국의 ETF 가운데 많이 알려진 ETF는 SPY, IVV, VOO 등이다. 이 가운데 뱅가드에서 운용하는 VOO(Vanguard 500 Index Fund)는 2010년 상장되어 현재까지 20년이 경과하지 않았기 때문에 기본라면에서 제외했다. 나머지 SPY와 IVV 의 주요 내용을 비교하면 다음과 같다.

주요 내용 비교

ETF	SPDR S&P500 Trust	iShares Core S&P500
티커(Ticker)	SPY	IVV
추종지수	S&P500 지수	
운용사	SPDR State Street Global Advisors	iShares
보수(년)	0.09%	0.03%
설정일	1993/1/22	2000/5/19

동일한 지수를 추종하기 때문에 아래 표와 같이 각각의 ETF가 편입 하고 있는 종목도 거의 동일하다.

주요 보유 종목(2024년 3월 31일 기준)

순위	종목명	섹터	ETF 내 비중	
			SPY	IVV
1	Microsoft Corp	IT	7.28%	7.27%
2	Apple Inc	IT	6.63%	6.62%
3	NVIDIA Corp	IT	3.78%	3.77%

4	Amazon.com Inc	경기소비재	3.52%	3.51%
5	Meta Platforms Inc Class A	통신	2.13%	2.12%
6	Alphabet Inc Class A(구글)	통신	2.03%	2.02%
7	Alphabet Inc Class C(구글)	통신	1.73%	1.72%
8	Berkshire Hathaway Inc Class B	금융	1.71%	1.70%
9	Broadcom Inc	IT	1.28%	1.28%
10	Eli Lilly and Co	헬스케어	1.28%	1.28%
Top 10 총비율			31.35%	31.29%

종목별 비중에서 0.01% 정도의 미세한 차이가 발생하는 것은 운용 방법의 차이 때문인데 그 차이라는 것이 그 정도에 불과할 만큼 거의 똑같은 ETF라고 이해하면 된다.

필자가 IVV를 선택한 이유는 운용보수가 싸기 때문이다. 물론 운용 자산 규모와 거래량 및 상장기간을 비교하면 SPY가 크게 앞서며 IVV 에 비해 연간 보수가 0.06% 더 많음에도 불구하고 지난 20년 동안 연 평균 수익률에서 0.05%의 차이밖에 없다는 것은 운용능력도 미세하 게나마 앞선다고 볼 수 있다. 그러나 엄청난 자금을 운용하지 않는 개 인이라면 단순하게 보수가 싸고 미세하나마 연평균 수익률이 나은 것이 좋다. 1일 거래량도 조(원) 단위가 넘기 때문에 걱정할 일은 없 다. 물론 SPY를 선택해도 상관없다. 동일한 지수를 추종하는 미국 상 장 ETF이기 때문에 다음 그림처럼 2004년 1월 1일부터 2023년 12월 31일까지 지난 20년 동안의 수익률 추세선이 거의 딱 붙어 있다.

연평균 복리수익률
SPY 9.61%
IVV 9.66%

SPY ── IVV ──

한국라면: KODEX 미국S&P500TR

미국의 S&P500 지수를 추종하는 국내 상장 ETF는 많다. 그 가운데 배당금을 자동으로 재투자하는 ETF는 2024년 3월 현재 KODEX 미국S&P500TR과 TIGER 미국S&P500TR밖에 없다는 것은 아쉬운 점이다.

S&P500 지수를 추종하는 ETF는 분기마다 배당금을 지급하는데 이것을 투자자들에게 지급하지 않고 세금 공제 전 금액으로 해당 ETF에 자동으로 재투자하는 ETF를 'TR(Total Return) ETF'라고 한다. 반대로 배당금을 투자자에게 현금으로 지급하는 방식은 'PR(Price Return) ETF'라고 부른다. 참고로 미국 ETF 가운데 배당금을 자동 재투자하는 것은 없다. 배당금은 항상 현금으로 나오기 때문에 투자자가 직접 투

자해야 한다.

물론 배당금을 현금으로 받으면 투자에 대한 재미를 느끼는 장점은 있다. 배당금은 주가와 상관없이 지급되기 때문이다. 그러나 필자는 배당금이 자동 재투자되는 TR ETF를 선호한다. 이유는 크게 두 가지다.

첫째, 배당금을 재투자하는 것은 복리효과를 더욱 높일 수 있다. 물론 배당금을 현금으로 받아 다시 투자할 수도 있지만 생각만큼 쉽지도 않고, 자칫 인출해 쓰고 싶은 유혹도 생긴다. 자동으로 재투자되면 그 같은 걱정은 없다.

둘째, 배당금을 현금으로 받으면 15.4%의 배당소득세가 원천징수되고 지급된다. 그러나 자동 재투자되면 세금이 공제되기 전 금액으로 투자되기 때문에 그만큼 이익이다. 물론 배당소득세가 영원히 면제되는 것은 아니다. 훗날 ETF를 매도할 때 세금을 공제한다. 즉 배당금을 지급받을 때 내야 할 세금을 매도할 때까지 투자금으로 사용할 수 있다는 것이다. 이것을 '과세이연(課稅移延)'이라고 부른다.

KODEX 미국S&P500TR과 TIGER 미국S&P500TR의 주요 내용을 비교하면 다음 표와 같다. 둘 가운데 필자가 KODEX 미국S&P500TR을 선택한 이유는 운용보수가 싸기 때문이다. 다만 운용보수는 언제든 달라질 수 있다는 것은 참고해야 한다. 또한 KODEX 미국S&P500TR은 환헤지를 하지 않기 때문에 환율 변동에 노출되지만 환헤지를 적용하는 TIGER S&P500TR(H)은 환율 변동을 걱정할 필요가 없다. 이는 각자의 선택에 맡긴다. 물론 환율 변동 사이클에 따라 두 ETF를 바꿔 타는 것도 방법이다.

주요 내용 비교		
ETF	KODEX 미국S&P500TR	TIGER 미국S&P500TR(H)
상장일	2021/4/9	2022/11/25
추종지수	S&P500 Total Return Index	
운용사	삼성자산운용	미래에셋자산운용
보수(년)	0.009%	0.07%
환헤지	환헤지 없음	환헤지 적용

기대수익률

투자기간 5년은 미국 ETF인 IVV의 직전 20년 동안의 연평균 과거 수익률인 9.66%를 20% 할인한 7.728%에서 소수점 이하 반올림한 연 복리 8%를 기대한다. 투자기간 10년은 10%를 할인한 8.694%에서 소수점 이하 반올림한 연 복리 9%를 기대한다. 투자기간 20년은 9.66% 에서 소수점 이하를 버린 연 복리 9%를 기대한다.

기대현금흐름

매달 적립식 또는 일시금 투자를 기준으로 기대현금흐름을 추정하면 다음 표와 같다.

인생을 바꾸는 봉지라면 재테크

기대현금흐름 추정치

[단위: 만 원]

기대 현금흐름	매달 100만 원			일시금 1,000만 원		
	5년(8%)	10년(9%)	20년(9%)	5년(8%)	10년(9%)	20년(9%)
원금	6,000	12,000	24,000	1,000	1,000	1,000
이자	약 1,400	약 7,500	약 43,300	약 490	약 1,450	약 5,000
합계	약 7,400	약 19,500	약 67,300	약 1,490	약 2,450	약 6,000
총 수익률	약 23%	약 62%	약 180%	약 49%	약 145%	약 500%

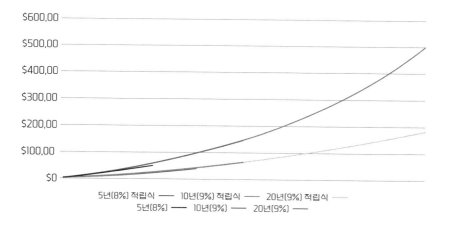

5년(8%) 적립식 —— 10년(9%) 적립식 —— 20년(9%) 적립식 ——
5년(8%) —— 10년(9%) —— 20년(9%) ——

2장 입맛 따라 선택하는 봉지라면 가환대: 자산증식용

참고로 S&P500 지수를 추종하는 국내 상장 ETF 가운데 배당금을 자동 재투자하지 않고 환헤지도 하지 않는 ETF들은 많다. 그 가운데 운용규모, 거래량, 보수 등을 기준으로 몇 개를 소개하면 다음과 같다.

기타 ETF(2024년 3월 31일 기준)

(단위: 억 원)

구분	KBSTAR S&P500	TIGER S&P500	ACE S&P500
상장일	2021/4/9	2020/8/7	2020/8/7
운용사	케이비자산운용	미래에셋자산운용	한국투자신탁
보수	0.021%	0.07%	0.07%
운용규모	2,700	24,000	7,500

인생을 바꾸는 봉지라면 재테크

조금 매운라면

기본정보 들여다보기

　기본라면인 S&P500 지수 추종 ETF에 미국 기술주 중심의 나스닥 100 지수를 추종하는 ETF를 각각 50%씩 섞어 포트폴리오를 구성한다. S&P500 지수에 포함된 주식에도 대형기술주가 포함되어 있기 때문에 조금 매운라면의 전체적인 기술주 비중은 대략 70% 정도로 보면 된다. 기대수익이 높은 만큼 기본라면에 비해 변동성이 크다.

　나스닥은 한국의 코스닥과 비슷하지만 코스닥의 변동성에 비하면 훨씬 안정적이다. 그 가운데 시가총액 상위 100개 종목의 주가지수를 뜻하는 나스닥100 지수에는 우리에게 익숙한 미국의 유명 빅테크 기업들이 총망라되어 있기 때문에 초보 투자자에게도 매우 친숙하다는 장점도 있다. 따라서 투자를 처음하지만 투자성향이 조금 적극적인 사람이나 기본라면에 익숙해지면서 매운라면보다는 조금 덜 자극적인 맛을 원하는 사람에게 적합하다.

나스닥100 지수를 대표하는 ETF는 단연 QQQ다. 눈여겨볼 것은 나스닥100 종목 가운데 상위 10개 종목의 비중이 전체의 50%에 달한다는 사실이다. 이것은 자본주의 성장을 견인하는 것은 결국 미국의 대형기술주 기업이라는 사실을 상징적으로 나타내고 있다.

QQQ 주요 보유 종목(2024년 3월 말 기준)

순위	종목명	섹터	비중
1	Microsoft Corp	IT	8.96%
2	Apple Inc	IT	8.67%
3	Amazon.com Inc	경기소비재	4.91%
4	NVIDIA Corp	IT	4.65%
5	Broadcom Inc	IT	4.32%
6	Meta Platforms Inc Class A	통신	4.16%
7	Tesla Inc	경기소비재	2.71%
8	Alphabet Inc Class A	통신	2.49%
9	Alphabet Inc Class C	통신	2.44%
10	Costco Wholesale Corp	필수소비재	2.40%
	Top 10 총비율		45.73%

인생을 바꾸는 봉지라면 재테크

그러나 꼭 QQQ만 고집할 필요는 없다. QQQ와 동일한 나스닥100 지수를 추종하면서도 수수료가 저렴한 QQQM도 있기 때문이다. 물론 거래량은 QQQ에 비할 바는 아니지만 개인투자자에겐 아무런 차이가 없다. 이것은 마치 S&P500 지수를 추종하는 SPY와 IVV의 차이와 비슷하다. 또한 나스닥100 지수에 포함된 종목 가운데 ESG지수가 높은 종목들의 일별 주가를 가중평균한 지수를 추종하는 QQMG도 관심을 가질 만하다. 세 개 ETF 모두 운용사는 동일하다.

주요 내용 비교

ETF	Invesco Nasdaq100 Trust	Invesco Nasdaq 100 ETF	Invesco ESG NASDAQ 100 ETF
티커(Ticker)	QQQ	QQQM	QQMG
추종지수	나스닥100 지수	나스닥100 지수	Nasdaq 100 ESG
운용사	PowerShares	PowerShares	PowerShares
보수(년)	0.2%	0.015%	0.2%
설정일	1999/3/10	2020/10/13	2021/10/27

참고로 ESG(Environmental, Social and Corporate Governance)는 환경·사회·지배구조를 뜻하는 말로 기업 또는 기업에 대한 투자의 지속가능성과 사회적 영향을 측정하는 요소를 말하는데, 앞으로 모든 기업의 글로벌 경영준칙이 되고 있다는 점에서 상당히 주목할 만한 ETF

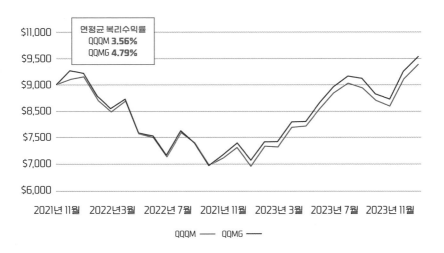

QQQM vs. QQMG(2022년 1월~2023년 12월)

연평균 복리수익률
QQQM **3.56%**
QQMG **4.79%**

$11,000
$9,500
$9,000
$8,500
$7,500
$7,000
$6,000

2021년 11월 2022년 3월 2022년 7월 2021년 11월 2023년 3월 2023년 7월 2023년 11월

QQQM ——   QQMG ——

라고 생각한다. 그 때문인지 QQMG가 상장된 이후인 2021년 11월부터 2023년 말까지의 수익률도 QQMG가 QQQ는 물론 QQQM보다 앞선다.

포트폴리오 예시

미국라면: IVV 50%+QQQ 50%

기본라면에서는 SPY 대신 수수료가 저렴한 IVV를 선택했지만 여기에서는 QQQM이 아닌 QQQ를 선택한 이유는 QQQM이 IVV에 비해 운용기간이 너무 짧기 때문이다. IVV는 2000년에 상장되었지만

QQQM은 2020년에 상장되어 무려 20년의 차이가 난다. 물론 QQQM
을 선택해도 상관없다. 어차피 동일한 지수를 추종하며 운용사도 같기
때문이다. 또한 QQMG의 경우 나스닥100 가운데 ESG지수가 높은 종
목들의 일별 수익률을 추종하기 때문에 QQQ와 QQQM과는 성격이
조금 다르다.

과거 20년 동안 QQQ 100% vs. IVV 100% vs. IVV 50%+QQQ
50% 수익률을 비교하면 다음과 같다. 결과적으로 조금 매운라면(IVV
50%+QQQ 50%)의 수익률은 기본라면(IVV)과 QQQ의 중간에 포진하
고 있는 것을 알 수 있다.

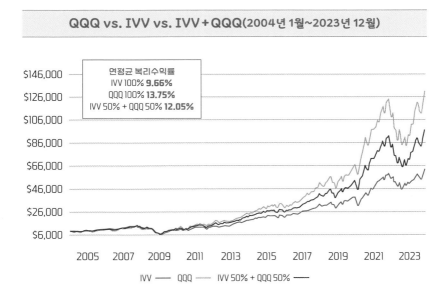

한국라면: KODEX 미국S&P500TR 50%+KODEX 미국나스닥100TR 50%

미국의 나스닥100 지수를 추종하는 국내 상장 ETF 가운데 배당금을 자동 재투자하는 ETF는 2024년 3월 현재 KODEX 미국나스닥100TR과 TIGER 미국나스닥100TR(H)밖에 없다. 두 개의 ETF 가운데 KODEX 미국나스닥100TR을 선택한 이유는 기본라면에서처럼 운용보수가 싸기 때문이다. 다만 KODEX 미국나스닥100TR은 환헤지를 하지 않기 때문에 환율 변동에 노출되지만, 환헤지를 적용하는 TIGER 미국나스닥100TR(H)은 환율 변동을 걱정할 필요는 없다. 이 부분은 각자의 선택에 맡긴다. 물론 환율 변동 사이클에 따라 두 가지 ETF를 바꿔 타는 것도 방법이다.

KODEX 미국나스닥100TR vs. TIGER 미국나스닥100TR(H)

ETF	KODEX 미국나스닥100TR	TIGER 미국나스닥100TR(H)
상장일	2021/4/9	2022/11/25
추종지수	NASDAQ 100 Total Return Index	
운용사	삼성자산운용	미래에셋자산운용
보수(년)	0.009%	0.07%
환헤지	환헤지 없음	환헤지 적용

인생을 바꾸는 봉지라면 재테크

기대수익률

투자기간 5년은 미국 ETF인 IVV와 QQQ에 각각 50%씩 투자한 경우의 직전 20년간 과거 평균 수익률인 12.05%를 20% 할인한 9.64%에서 소수점 이하 반올림한 연 복리 10%를 기대한다. 투자기간 10년은 12.05%에서 10%를 할인한 10.845%에서 소수점 이하 반올림한 연 복리 11%를 기대하며 투자기간 20년은 12.05%에서 소수점 이하를 버린 연 복리 12%를 기대한다.

기대현금흐름

매달 정액 적립식 투자와 일시 거치식 투자로 구분해 기대현금흐름을 추정하면 다음과 같다.

기대현금흐름 추정치

[단위: 만 원]

기대 수익률	매달 100만 원			일시금 1,000만 원		
	5년(10%)	10년(11%)	20년(12%)	5년(10%)	10년(11%)	20년(12%)
원금	6,000	12,000	24,000	1,000	1,000	1,000
이자	약 1,800	약 9,900	약 75,900	약 650	약 1,990	약 9,890
합계	약 7,800	약 21,900	약 99,900	약 1,650	약 2,990	약 10,890
총 수익률	약 30%	약 82%	약 316%	약 65%	약 199%	약 989%

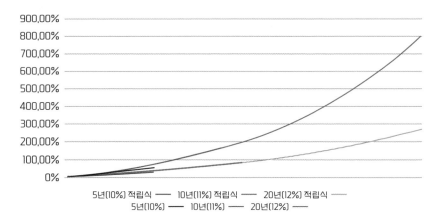

5년(10%) 적립식 —— 10년(11%) 적립식 —— 20년(12%) 적립식 ——
5년(10%) —— 10년(11%) —— 20년(12%) ——

인생을 바꾸는 봉지라면 재테크

매운라면

기본정보 들여다보기

　미국 주식시장에서 기술주가 집결되어 있는 나스닥, 그 가운데 시가총액 기준으로 상위 100개 종목의 주가지수를 가중평균한 나스닥100 지수를 추종하는 ETF에 투자한다.

　혁신기술과 관련된 거의 모든 산업은 기본적으로 미국 나스닥에 상장되어 있다. 특히 미국의 거대 빅테크 기업들은 그 같은 혁신기술을 개발하고 지원하며 그들이 가진 막대한 자금을 활용해 혁신기술을 가진 신생 기업들을 M&A를 통해 사들인다. 왜냐하면 현존하는 모든 혁신기술은 빅테크 기업의 미래 성장과 직결되기 때문에 빅테크 기업들은 혁신기술의 거대 수요자인 동시에 거대 공급자이기 때문이다. 생성형 AI산업의 관련지수를 추종하는 ETF에 미국의 거대 빅테크 기업들이 많이 담겨져 있는 것은 당연한 현상이다.

따라서 빅테크 기업을 포함한 주요 기술기업들의 주가지수를 한 바구니에 담아놓은 나스닥100 지수 추종 ETF에 투자하는 것 자체가 혁신기술에 투자하는 것과 같다. 마찬가지로 S&P500 지수 추종 ETF에도 미국의 거대 빅테크 기업들이 포함되어 있기 때문에 S&P500 지수 추종 ETF와 나스닥100 지수 추종 ETF를 각각 50%씩 섞은 조금 매운라면 역시 정도만 차이만 있을 뿐 미래 혁신기술에 투자하는 것이라는 것도 참고할 필요가 있다.

포트폴리오 예시

미국라면: QQQ 100%

QQQ에 관한 내용은 조금 매운라면에서 충분히 이해했으리라 생각한다. 참고로 지난 20년 동안 기본라면(IVV)과 조금 매운라면(IVV 50% + QQQ 50%) 및 매운라면(QQQ)의 수익률 추이를 살펴보면 다음과 같다.

인생을 바꾸는 봉지라면 재테크

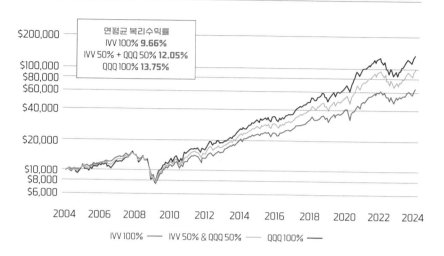

IVV 100% vs. IVV 50% + QQQ 50% vs. QQQ 100%
(2004년 1월 ~ 2023년 12월)

연평균 복리수익률
IVV 100% **9.66%**
IVV 50% + QQQ 50% **12.05%**
QQQ 100% **13.75%**

IVV 100% —— IVV 50% & QQQ 50% —— QQQ 100% ——

한국라면: KODEX 미국나스닥100TR

KODEX 미국나스닥100TR을 추천하는 이유는 조금 매운라면에서 설명한 것과 동일하다.

참고로 미국 나스닥100 지수를 추종하는 국내 상장 ETF 가운데 운용규모, 거래량, 보수 등을 기준으로 몇 개를 소개하면 다음과 같다.

[단위: 억 원]

ETF	KBSTAR 미국나스닥100	TIGER 미국나스닥100	ACE 미국나스닥100
상장일	2020/11/6	2010/10/18	2020/10/29
운용사	케이비자산운용	미래에셋자산운용	한국투자신탁
보수	0.021%	0.07%	0.07%
운용규모	3,300	27,000	6,300

기대수익률

투자기간 5년은 미국 ETF인 QQQ의 직전 20년간 평균 수익률인 13.75%를 20% 할인한 11%를 기대한다. 투자기간 10년은 10%를 할인한 12.375%에서 소수점 이하 반올림한 연 복리 12%를 기대하며 투자기간 20년은 직전 20년 동안의 평균 수익률인 13.75%에서 소수점 이하를 버린 연 복리 13%를 기대한다.

기대현금흐름

매달 정액 적립식 투자와 일시 거치식 투자로 구분해 추정하면 다음과 같다.

기대현금흐름 추정치

(단위: 만 원)

기대 수익률	매달 100만 원			일시금 1,000만 원		
	5년(11%)	10년(12%)	20년(13%)	5년(11%)	10년(12%)	20년(13%)
원금	6,000	12,000	24,000	1,000	1,000	1,000
이자	약 2,020	약 11,230	약 90,550	약 730	약 2,300	약 12,280
합계	약 8,020	약 23,230	약 114,550	약 1,730	약 3,300	약 13,280
총 수익률	약 34%	약 94%	약 377%	약 73%	약 230%	약 1,230%

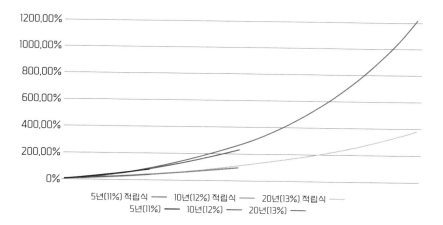

5년(11%) 적립식 —— 10년(12%) 적립식 —— 20년(13%) 적립식 ——
5년(11%) —— 10년(12%) —— 20년(13%) ——

2장 입맛 따라 선택하는 봉지라면 가판대: 자산증식용

수제라면

기본정보 들여다보기

기본라면인 S&P500 지수 추종 ETF에 자산운용사가 나름대로의 기준을 정해 별도로 만든 지수를 추종하는 ETF를 섞어 투자한다. 기본라면 투자자들 가운데 약간 다른 맛을 추가하기 원하는 사람들에게, 투자를 조금 더 깊이 배우기 원하는 사람들에게 적합하다. 다음 페이지 표는 수제라면을 구성하는 대표적인 미국 ETF들이다. MOAT 또는 COWZ 및 QQMG에 편입되어 있는 종목을 공부하는 것만으로도 투자에 대한 안목을 높일 수 있다. 물론 어떤 의미에서는 미국의 우량기업들을 선별해 투자한다고 생각할 수 있기 때문에 투자 초보자에게도 적합하다.

ETF	VanEck Vectors Morningstar Wide Moat	Pacer US Cash Cows 100	Invesco ESG NASDAQ 100 ETF
티커(Ticker)	MOAT	COWZ	QQMG
추종지수	Morningstar Wide Moat Focus	Pacer US Cash Cows 100	Nasdaq 100 ESG
설정일	2012/4/25	2016/12/19	2021/10/27
보수(년)	0.46%	0.49%	0.2%
운용사	VanEck	Pacer	PowerShares

MOAT(VanEck Morningstar Wide Moat)

'투자의 귀재' 워런 버핏이 만든 경제적 해자 개념을 토대로 모닝스타가 구성한 지수인 Morningstar Wide Moat Focus 지수 추종 ETF다. 해자란 적으로부터 성을 보호하기 위해 만든 못을 뜻하는데, 경쟁회사가 침범하기 어려운 진입장벽을 구축한 기업을 경제적 해자를 보유한 기업이라고 부른다.

MOAT 주요 보유 종목 (2024년 3월 말 기준)

순위	종목명	섹터	비중
1	Salesforce Inc	IT	2.87%
2	Allegion PLC	산업재	2.81%
3	Equifax Inc	산업재	2.77%
4	Masco Corp	산업재	2.71%
5	RTX Corp	산업재	2.71%
6	Intercontinental Exchange Inc	금융	2.65%
7	International Flavors & Fragrances Inc	소재	2.64%
8	Corteva Inc	소재	2.62%
9	Keysight Technologies Inc	IT	2.60%
10	Wells Fargo & Co	금융	2.59%
Top 10 총비율			26.97%

COWZ (Pacer US Cash Cows 100)

미국 시가총액 상위 1천 개 종목 가운데 영업으로 벌어들인 현금흐름에서 설비투자비용 등 자본지출(CAPEX)을 뺀 '잉여현금흐름(FCF)'이 우수한 100개 종목을 편입한 지수인 Pacer US Cash Cows 100 지수 추종 ETF다. 기업이 보유한 잉여현금이 많을수록 경기가 좋을 때 설비확장에 사용할 여력이 많고, 주주에 대한 배당금을 늘리거나 자사주 매입 등 주주 친화적인 목적에 활용할 수도 있기 때문에 투자자로부터 매력적인 기업으로 인식된다. 그뿐만 아니라 특히 2022년과 같

인생을 바꾸는 봉지라면 재테크

COWZ 주요 보유 종목 (2024년 3월 말 기준)

순위	종목명	섹터	비중
1	Lennar Corp Class A	경기소비재	2.24%
2	AbbVie Inc	헬스케어	2.24%
3	D.R. Horton Inc	경기소비재	2.16%
4	Booking Holdings Inc	경기소비재	2.16%
5	Phillips 66	에너지	2.15%
6	Marathon Petroleum Corp	에너지	2.12%
7	Cencora Inc	헬스케어	2.12%
8	Valero Energy Corp	에너지	2.10%
9	Nucor Corp	소재	2.09%
10	Qualcomm Inc	IT	2.09%
	Top 10 총비율		21.46%

은 금리 급등기에는 금융비용을 낮춰 상대적인 경쟁력이 부각되기도
한다.

QQMG(Invesco ESG NASDAQ 100 ETF)

나스닥100 지수에 포함된 종목 가운데 ESG 지수가 높은 종목들의
일별 주가를 가중평균한 지수를 추종하는 ETF다. 상장일은 다른 2개
ETF보다 늦지만 ESG 경영은 앞으로 모든 기업의 글로벌 경영준칙이
되고 있다는 점에서 관심을 가질 만하다.

QQMG 주요 보유 종목 (2024년 3월 말 기준)

순위	종목명	섹터	비중
1	Microsoft Corp	IT	13.15%
2	Apple Inc	IT	11.56%
3	NVIDIA Corp	IT	7.88%
4	Broadcom Inc	IT	3.59%
5	Amazon.com Inc	경기소비재	3.09%
6	Alphabet Inc Class A	통신	2.74%
7	Alphabet Inc Class C	통신	2.67%
8	Adobe Inc	IT	2.67%
9	Advanced Micro Devices Inc	IT	2.44%
10	Tesla Inc	경기소비재	2.30%
Top 10 총비율			52.09%

운용기간이 비교적 짧은 QQMG를 제외한 MOAT와 COWZ를 기본 라면인 S&P500 지수를 추종하는 IVV와 수익률을 비교하면 다음과 같다. 비교 기간은 COWZ가 상장된 이후인 2017년부터 2023년 12월까지다.

IVV vs. MOAT vs. COWZ(2017년 1월~2023년 12월)

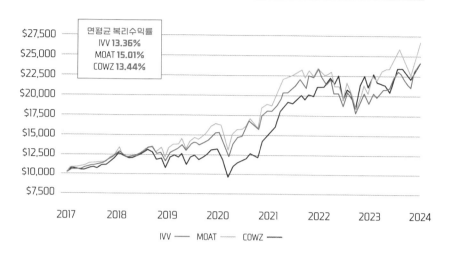

연평균 복리수익률
IVV **13.36%**
MOAT **15.01%**
COWZ **13.44%**

IVV —— MOAT —— COWZ ——

포트폴리오 예시

미국라면: MOAT 50% + COWZ 50%

기간 오차를 줄이기 위해 운용기간이 짧은 QQMG를 제외한 나머지
2개의 ETF로 포트폴리오를 구성한다.

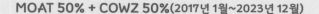

MOAT 50% + COWZ 50%(2017년 1월~2023년 12월)

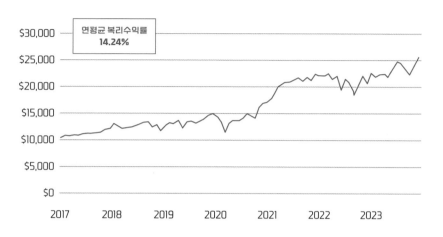

연평균 복리수익률
14.24%

한국라면: ACE 미국WideMoat가치주 50%+TIGER 미국캐시카우100 50%

미국의 MOAT와 동일한 지수를 추종하는 국내 상장 ETF는 ACE 미국WideMoat가치주, COWZ와 비슷한 국내 상장 ETF는 TIGER 미국캐시카우100이 있다. TIGER 미국캐시카우100은 기본적으로는 COWZ와 동일한 전략을 사용하되 미래에셋자산운용사가 속한 그룹에서 별도로 만든 '글로벌 엑스 유에스 캐시 플로우 킹 100(Global X U.S. Cash Flow Kings 100 Index(Total Return))' 지수를 추종한다.

(단위: 억 원)

ETF	ACE 미국WideMoat가치주	TIGER 미국캐시카우100
상장일	2018/10/25	2023/9/19
추종지수	Morningstar Wide Moat Focus Index	Global X U.S. Cash Flow Kings 100 Index (Total Return)
운용사	한국투자신탁	미래에셋자산운용
보수	0.4%	0.25%
운용규모	810	110
환헤지	환헤지 없음	

두 가지 ETF의 대략적인 내용을 정리하면 위의 표와 같다.

기대수익률

투자기간 5년은 미국라면 포트폴리오의 연평균 과거 수익률 14.24%에서 20%를 할인한 11.39%에서 소수점 이하를 버린 연 복리 11%를 기대한다. 투자기간 10년 및 20년은 10%를 할인한 12.81%에서 소수점 이하 반올림한 연 복리 13%를 기대한다.

기대현금흐름

매달 적립식 또는 일시금 투자를 기준으로 기대현금흐름을 추정하면 다음 표와 같다.

121

기대현금흐름 추정치

(단위: 만 원)

기대 수익률	매달 100만 원			일시금 1,000만 원		
	5년(11%)	10년(13%)	20년(13%)	5년(11%)	10년(13%)	20년(13%)
원금	6,000	12,000	24,000	1,000	1,000	1,000
이자	약 2,020	약 12,670	약 90,550	약 730	약 2,640	약 12,280
합계	약 8,020	약 24,670	약 114,550	약 1,730	약 3,640	약 13,280
총 수익률	약 34%	약 105%	약 377%	약 73%	약 264%	약 1,228%

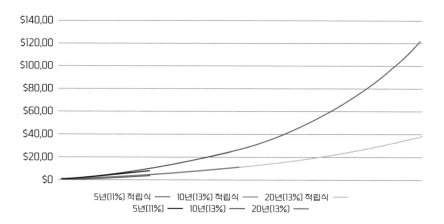

Tip. 투자성향에 따라 미국라면의 경우 IVV 50%+MOAT 또는 COWZ 50%, 한국라면의 경우 KODEX 미국S&P500TR 50%+ACE 미국WideMoat가치주 또는 TIGER 미국캐시카우100 50%로 포트폴리오를 구성할 수도 있다.

인생을 바꾸는 봉지라면 재테크

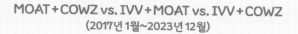

MOAT+COWZ vs. IVV+MOAT vs. IVV+COWZ
(2017년 1월~2023년 12월)

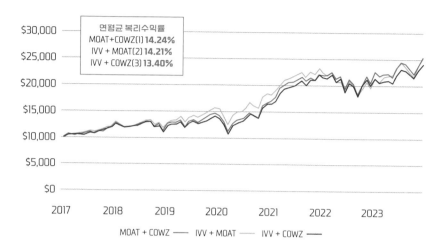

연평균 복리수익률	
MOAT+COWZ(1)	**14.24%**
IVV + MOAT(2)	**14.21%**
IVV + COWZ(3)	**13.40%**

MOAT + COWZ —— IVV + MOAT —— IVV + COWZ ——

다음 그림은 미국을 기준으로 수제라면(MOAT 50%+COWZ 50%)으로 구성된 포트폴리오(1), 기본라면(IVV)과 수제라면(MOAT)를 각각 50% 혼합한 포트폴리오(2), 기본라면(IVV)과 수제라면(COWZ)를 각각 50% 혼합한 포트폴리오(3)의 수익률을 비교했다. 비교기간은 운용기간이 짧은 COWZ를 기준으로 2017년부터 2023년까지다.

참고할 것은 수제라면의 과거 수익률을 추출한 기간에는 기본라면인 S&P500 지수를 추종하는 IVV 역시 지난 20년 평균 수익률보다 높기 때문에 수제라면이 기본라면보다 뛰어나다고 생각할 필요는 없다. 따라서 수제라면은 기본라면과 약간 순한라면의 중간 정도에 위치한다고 생각하는 것이 좋다.

2장 입맛 따라 선택하는 봉지라면 가환대: 자산증식용

마라탕라면

기본정보 들여다보기

특정 지수의 2배 이상 또는 3배를 추종하는 레버리지 ETF에 투자한다. 예컨대 기본라면인 S&P500 지수를 추종하는 IVV가 10% 오를 때 S&P500 지수를 3배 추종하는 UPRO는 30% 오른다. 반대로 IVV가 10% 하락하면 UPRO는 30% 떨어진다. 또한 나스닥100 지수를 추종하는 QQQ가 10% 오를 때 나스닥100 지수를 3배 추종하는 TQQQ는 30% 오른다. 반대로 QQQ가 10% 하락하면 TQQQ는 30% 떨어진다.

레버리지 ETF는 특정 지수뿐만 아니라 특정 종목에도 있다. 예컨대 TSL3은 테슬라 주식가격의 3배를 추종한다. 그뿐만 아니라 주가가 하락할 때 오히려 이익을 얻는 인버스 ETF를 2배, 3배 추종하는 ETF도 있다.

인버스 ETF와 모든 레버리지 ETF는 초고위험 투자상품 가운데서도 가장 위험 등급이 높은 파생상품이다. 파생상품이란 기초자산인 특정 지수의 미래 가격변동을 예상하고 해당 조건의 성립 여부에 따라 손익에 큰 영향을 주는 선물거래 및 옵션거래 등이 결합된 투자상품이다. 미래의 불확실성을 줄이는 것이 본래의 목적이지만 극단적인 이익을 추구하는 투기적 목적으로도 많이 사용되고 있다.

그럼에도 불구하고 시장 평균의 상승에 베팅하는 레버리지 ETF를 장기투자하는 경우에도 기본라면의 원리와 마찬가지로 수익을 얻을 수 있다. UPRO와 TQQQ가 상장된 이후부터 2023년 말까지 S&P500 지수를 추종하는 IVV와 나스닥100 지수를 추종하는 QQQ와의 누적 수익률 및 연평균 수익률을 비교하면 다음 페이지 그림과 같다.

결과적으로는 레버리지 ETF의 수익률이 월등하다. 그러나 봉지라면 재테크는 원칙적으로 다음의 세 가지 이유 때문에 일반 투자자에게 인버스 ETF와 레버리지 ETF 등 파생상품에 대한 투자를 권유하지 않는다.

첫째, 파생상품은 주가 변동성, 즉 위험이 매우 크다. 특히 지수 하락에 베팅하는 인버스 ETF의 경우 상승에 익숙한 투자자의 일반적인 정서와 반대되기 때문에 더 위험하다. 이것은 KTX 고속철도를 이용할 때 대부분 사람이 역방향 좌석을 꺼리는 심리와 같다. 이 같은 레버리지 ETF는 당연히 주가 변동성이 높기 때문에 오래 지속하는 것이 쉽

IVV vs. UPRO(2009년 7월~2023년 12월)

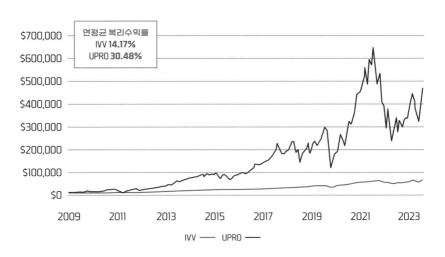

연평균 복리수익률
IVV **14.17%**
UPRO **30.48%**

QQQ vs. TQQQ(2010년 3월~2023년 12월)

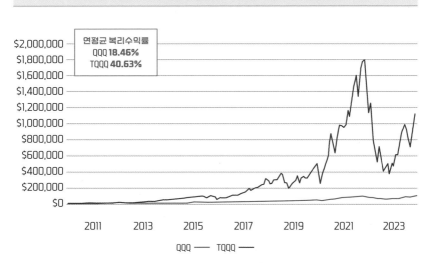

연평균 복리수익률
QQQ **18.46%**
TQQQ **40.63%**

인생을 바꾸는 봉지라면 재테크

지 않다. 큰 폭의 하락이 지속되는 동안의 공포를 견디지 못하고 이른 바 투매와 같은 '패닉셀(panic sell)'에 빠지는 경우가 많다.

실제로 금리 인상 때문에 전 세계 주식시장이 큰 폭의 하락을 지속했던 지난 2022년 한 해 동안 QQQ는 32.6% 하락했던 반면 QQQ의 3배를 추종하는 TQQQ는 무려 80% 가까이 폭락했다. S&P500 지수를 추종하는 기본라면 ETF인 IVV와 그것을 3배 추종하는 UPRO도 마찬가지다. 같은 기간 동안 IVV는 18% 빠졌지만 UPRO는 무려 57%나 폭락했다. 어지간한 강심장이 아니고서는 견디기 힘든 구간이었다.

이런 이유로 레버리지 ETF는 봉지라면 재테크가 추구하는 쉽고 간단하고 위험이 적은 재테크에 적합하지 않다.

둘째, 인버스 혹은 레버리지 ETF는 오르내림이 크지 않는 구간에서도 손실을 볼 수 있다. 예컨대 기본라면인 S&P500 지수를 추종하는 IVV 1개 가격을 1,000,000원으로 가정할 때, IVV가 1% 내리면 990,000원이 된다. 뒷날 다시 1%가 올라도 999,900원으로 원래 가격인 1,000,000원에 100원이 모자라지만 S&P500 지수를 3배 추종하는 UPRO의 경우에는 3%가 빠진 후(970,000원) 뒷날 다시 3%가 올라도 999,100원에 그치면서 원래 가격인 1,000,000원에 900원이 부족해진다. 이런 현상이 반복되는 횟수가 많아지면 심리적으로 불안정해지면서 투자를 망칠 수 있다.

또한 레버리지 ETF는 운용보수도 비싸지만 그 외 보이지 않는 비용, 이른바 스왑비용이 든다. 즉 동일한 지수를 몇 배씩 추종하려면 해당 지수에 속하는 종목들을 몇 배씩 담아야 한다. 그러나 실제로는 그

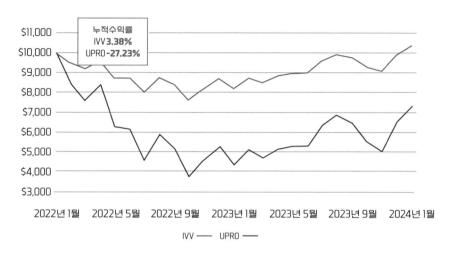

IVV vs. UPRO(2022년 1월~2023년 12월)

누적수익률
IVV **3.38%**
UPRO **-27.23%**

$11,000
$10,000
$9,000
$8,000
$7,000
$6,000
$5,000
$4,000
$3,000

2022년 1월   2022년 5월   2022년 9월   2023년 1월   2023년 5월   2023년 9월   2024년 1월

IVV ——   UPRO ——

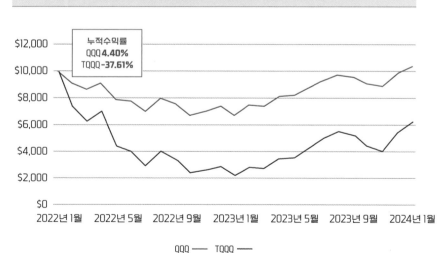

QQQ vs. TQQQ(2022년 1월~2023년 12월)

누적수익률
QQQ **4.40%**
TQQQ **-37.61%**

$12,000
$10,000
$8,000
$6,000
$4,000
$2,000
$0

2022년 1월   2022년 5월   2022년 9월   2023년 1월   2023년 5월   2023년 9월   2024년 1월

QQQ ——   TQQQ ——

인생을 바꾸는 봉지라면 재테크

렇게 하지 않고 비슷한 효과를 낼 수 있는 가상거래를 한다고 생각하면 되는데 스왑비용은 그것을 위한 옵션비용으로 대출이자와 비슷하다. 따라서 주가가 확실하게 상승하지 않고 오르락내리락 변동성이 커지는 구간에서 전체적인 비용이 많아지기 때문에 손실도 커진다.

실제로 급락 후 상승했던 지난 2022년과 2023년에 IVV와 UPRO 또는 QQQ와 TQQQ가 어떻게 움직였는지 그림으로 확인하면 앞 페이지 그림과 같다.

그림에서 확인할 수 있는 것처럼 같은 기간 동안 IVV와 QQQ는 높은 변동성에도 불구하고 수익을 얻었지만, 그것들을 3배 추종하는 UPRO와 TQQQ는 IVV와 QQQ의 3배 수익을 기록한 것이 아니라 오히려 -27.23%(UPRO), -37.61%(TQQQ)라는 엄청난 손실을 기록했다.

셋째, 변동성이 매우 크기 때문에 봉지라면 재테크가 추구하는 심리적인 안정과 일상의 행복을 누리는 재테크에 적합하지 않다. 자칫하면 탐욕과 욕망의 포로가 되어 인생 자체를 빛좋은 개살구로 전락시킬 위험이 크다.

구미 당기는 레버리지 ETF

이러한 레버리지 ETF의 위험에도 불구하고 남들보다 더 빨리 더 많은 돈을 벌기 원하는 사람들에게 레버리지 ETF들은 여전히 구미가 당기는 상품이다. 일반적으로 잘 알려진 레버리지 ETF는 다음의 네 가지 정도로 압축해볼 수 있다. S&P500 지수나 나스닥100 지수 등 미국 주식시장에서 가장 대표적인 지수를 3배 추종하는 UPRO와 TQQQ, 모든 산업의 필수재인 미국의 필라델피아 반도체 지수인 SOXQ를 3배 추종하는 SOXL, 마지막으로는 주식과 반대 방향으로 움직이는 경향이 많은 미국의 20년 이상 장기국채 ETF인 TLT를 3배 추종하는 TMF 등이다.

대표적인 레버리지 ETF

ETF	ProShares UltraPro S&P500	ProShares UltraPro QQQ	Direxion Daily Semiconductor Bull 3X Shares	Direxion Daily 20+Y Treasury Bull 3X Shares
티커 (Ticker)	UPRO	TQQQ	SOXL	TMF
추종 지수	S&P 500 TR	NASDAQ 100TR	ICE Semiconductor TR	ICE U.S. Treasury 20+ Year Bond TR USD
설정일	2009/6/25	2010/2/11	2010/3/11	2009/4/16
보수	0.92%	0.88%	1.51%	0.92%
운용사	ProShares	ProShares	Direxion Funds	Direxion Funds

다음 그림은 앞서 이야기한 네 개 레버리지 ETF 가운데 가장 늦게 상장된 SOXL이 상장된 이후인 2010년 3월부터 2023년 말까지의 주가 흐름을 보여준다.

그림에서처럼 특히 금리 인상에 취약한 채권, 그것도 20년 이상 장

인생을 바꾸는 봉지라면 재테크

UPRO vs. TQQQ vs. SOXL vs. TMF(2010년 3월~2023년 12월)

연평균 복리수익률
UPRO **27.28%**
TQQQ **40.63%**
SOXL **33.96%**
TMF **-0.42%**

UPRO —— TQQQ —— SOXL —— TMF ——

기채권의 3배를 추종하는 TMF가 2022년에서 2023년의 기간 동안
큰 폭으로 하락하면서 무려 13년이 넘는 투자기간에도 불구하고 원
금손실을 기록했다는 것을 알 수 있다. 특히 2022년 한 해 동안의 손
실만 따지면 -72.59%로 QQQ의 3배를 추종하는 TQQQ의 손실률
인 -79.08%에 못지않았다. 그러나 2023년 한 해 동안 TQQQ의 수익
률은 무려 198.27%였던 반면 금리 인상이 지속되면서 TMF 수익률은
-12.30%를 기록한 것이 수익률의 차이를 극명하게 갈랐다.

따라서 2022년의 경우처럼 반대 방향으로 움직인다고 알려진 주식
형 ETF와 채권형 ETF도 때로는 같은 방향으로 움직이는 때도 있다는
것을 알아둘 필요가 있다.

채권형 ETF의 이해와 적용

채권형 ETF는 특히 금리 사이클의 전환기에 방향성이 뚜렷해진다. 왜냐하면 주식과 달리 금리는 단기간 오르고 내리기를 반복하기보다 몇 년에 걸쳐 계속 오르거나 계속 내리기 때문이다. 미국의 기준금리 추세표를 보자.

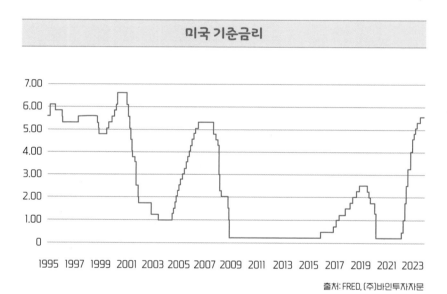

미국 기준금리

출처: FRED, (주)바인투자자문

미국의 기준금리는 하락 방향을 기준으로 지난 20여 년에 걸쳐 두 번의 대전환기를 기록했다. 첫 번째는 2000년 닷컴버블, 두 번째는 2008년 글로벌 금융위기 때였다. 상승 방향도 마찬가지다. 닷컴버블을 극복하면서 경기가 과열되기 시작한 지난 2005년, 그리고 코로나19로 인한 유동성 공급으로 물가가 치솟은 2022년과 2023년이었다. 그리고 마침내 2024년, 미국은 금리 인하를 저울질하고 있다.

즉 금리 상승에서 하락으로의 대전환기는 2008년 글로벌 금융위기 이후 무려 16년 만에 도래할 가능성이 높다. 물론 구체적인 금리 인하 시점과 횟수 및 인하율은 그동안의 물가 및 경기침체 정도에 따라 다를 것이다.

일반적으로 채권은 정부와 공공기관에서 발행하는 국공채와 기업에서 발행하는 회사채로 나뉜다. 이때 국공채, 특히 국채는 회사채에 비해 기준금리와 시장금리 사이의 변동성이 적다. 정부는 기업에 비해 훨씬 안정적이기 때문이다.

또한 듀레이션(Duration), 즉 채권만기도 중요하다. 이것은 현재가치를 기준으로 채권에 투자한 원금을 회수하는 데 걸리는 시간을 의미하는 것으로, 채권의 실효만기를 뜻한다. 일반적으로 채권은 만기가 1년 이내인 단기채권도 많지만 2년 이상 10년까지의 채권이 가장 많다. 그뿐만 아니라 10년 이상의 장기채권과 20년 이상의 초장기채권도 적지 않다. 이때 듀레이션이 길어질수록 수익률 변화도 크다. 예컨대 만기 1년짜리는 연 금리 1% 변화로 인한 영향이 1년에 그치지만 10년짜리 채권은 연 금리 1% 변화가 10년, 단순하게 따지면 10%만큼 영향을 주기 때문이다. 만약 30년짜리 채권이라면 이론적으로는 30%만큼 영향을 주는 셈이다. 금리가 하락 방향의 대전환기에 접어들었다고 판단될 때 TLT와 TMF 등 장기채권지수를 추종하는 ETF에 관심이 커지는 이유다.

그러나 기본적으로 채권형, 특히 장기채권형 ETF는 주식형 ETF와 달리 자본주의의 추세적인 성장에 따른 이익을 기대하기보다 경제 및 투자시장의 변동성을 보완하는 기능과 함께 안정적인 채권이자를 기대할 수 있다는 점에서 주식형 ETF와 섞어 중립형 포트폴리오를 구성하는 용도로 많이 사용된다.

따라서 채권형, 그 가운데서도 변동성이 높은 장기채권형, 특히 2배, 3배를 추종하는 레버리지 ETF에만 투자할 때는 금리 방향성을 고려해 장기투자보다 중단기투자에 활용하는 것이 좋다.

도전, 마라탕라면!

그럼에도 불구하고 마라탕라면에 도전하기 원한다면 다음의 네 가지 기준을 참고해보자.

첫째, 3배 레버리지보다 2배 정도의 레버리지 ETF를 권한다. 이유는 단순하다. 3배 레버리지에 비해 기대수익은 적지만 대신 변동성이 낮아 만약의 경우 패닉셀에 빠질 가능성도 그만큼 적기 때문이다.

둘째, 반드시 5년 이상의 충분한 투자기간을 인내할 수 있는 여윳돈이어야 한다. 앞서 2022년 한 해 동안의 주가 흐름을 보았지만 레버리지 ETF의 특성상 특히 하락 구간에서는 무섭게 떨어지기 때문이다.

셋째, 마라탕라면의 경우에도 일시금 투자보다 적립식 투자를 통해 위험을 분산하면서 장기투자를 목표하는 것이 좋다. 수익 극대화를 위해 단기적인 시장 방향성을 예측하고 투자하는 것은 전문 투자자들조차 쉽지 않기 때문이다. 그들이 현물거래와 동시에 각종 선물옵션거래를 함께하면서 위험을 분산하는 이유도 그 때문이다.

넷째, 마라탕라면만 끓이기보다 다른 라면, 예컨대 기본라면이나 3장에서 소개할 순한라면 시리즈 또는 거위라면 등 성격이 다른 라면을 함께 끓이는 것이 좋다. 독자들의 재정 형편이나 투자성향에 따라 판단해야겠지만 기본적으로는 마라탕라면을 끓이는 데 총투자금액의 30% 이상을 넘지 않으면 좋겠다.

이를 토대로 마라탕라면을 끓이는 두 가지 포트폴리오를 살펴보자.

포트폴리오 예시: 성장추구형

기본라면인 미국의 S&P500 지수를 추종하는 ETF에 70%, 나머지 30%는 나스닥100 지수의 2배를 추종하는 ETF에 투자한다.

미국라면: IVV 70%+QLD 30%

QLD는 미국의 나스닥100 지수를 추종하는 ETF인 QQQ의 2배를 추종하는 레버리지 ETF다.

성장추구형 마라탕라면의 과거 수익률은 어땠을까? QLD가 상장된 2006년 6월부터 2023년 12월까지의 수익률을 같은 기간 동안 기본라면인 S&P500 지수를 추종하는 IVV와 나스닥100 지수를 추종하는 QQQ를 함께 비교해보자.

QLD 주요 정보

ETF	ProShares Ultra QQQ
티커(Ticker)	QLD
추종지수	NASDAQ 100 TR USD
설정일	2006/6/21
보수	0.95%
운용사	ProShares

마라탕라면 vs. QQQ vs. IVV(2006년 6월~2023년 12월)

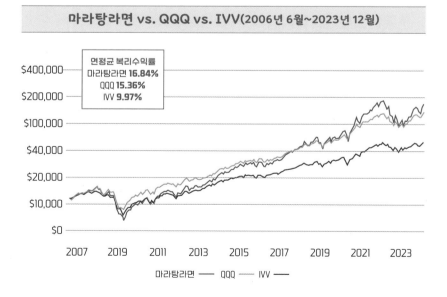

한국라면: KODEX 미국S&P500TR 70%＋TIGER 미국나스닥100레버리지(합성) 30%

미국의 QLD에 대응하는 국내 상장 ETF는 다음의 두 가지가 있는데, 그 가운데 환율언헤지형을 선택했다.

한국라면 ETF 주요 내용(2024년 3월 31일 기준)

[단위: 억 원]

구분	KODEX 미국나스닥100 레버리지(H)	TIGER 미국나스닥100 레버리지(합성)
상장일	2020/11/6	2010/10/18
운용사	케이비자산운용	미래에셋자산운용
보수	0.021%	0.07%
운용규모	3,300	27,000

기대수익률

투자기간 5년은 마라탕라면의 평균 수익률인 16.84%를 20% 할인한 13.472%에서 소수점 이하 반올림한 13%를 기대한다. 투자기간 10년은 10%를 할인한 15.156%에서 소수점 이하 반올림한 연 복리 15%를 기대하며 투자기간 20년은 직전 20년 동안의 평균 수익률인 16.84%에서 소수점 이하를 버린 연 복리 16%를 기대한다.

기대현금흐름

매달 정액 적립식 투자와 일시 거치식 투자로 구분해 추정하면 다음
과 같다.

기대현금흐름 추정치

[단위: 만 원]

기대 수익률	매달 100만 원			일시금 1,000만 원		
	5년(13%)	10년(15%)	20년(16%)	5년(13%)	10년(15%)	20년(16%)
원금	6,000	12,000	24,000	1,000	1,000	1,000
이자	약 2,480	약 15,870	약 150,950	약 910	약 3,440	약 23,020
합계	약 8,480	약 27,870	약 174,950	약 1,910	약 4,440	약 24,020
총 수익률	약 41%	약 132%	약 629%	약 91%	약 344%	약 2,300%

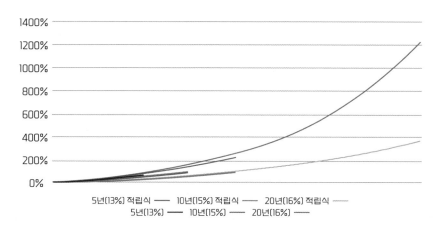

인생을 바꾸는 봉지라면 재테크

포트폴리오 예시: 성장추구 알파형

기본라면 대신 매운라면인 미국의 나스닥100 지수를 추종하는 ETF
에 70% 나머지 30%는 나스닥100 지수의 2배를 추종하는 ETF에 투자
한다.

미국라면: QQQ 70% + QLD 30%

성장추구형 마라탕라면의 과거 수익률은 어땠을까? QLD가 상장된
2006년 6월부터 2023년 12월까지의 수익률을 같은 기간 동안 매운라
면인 나스닥100 지수를 추종하는 QQQ와 S&P500 지수를 추종하는
IVV를 함께 비교해보자.

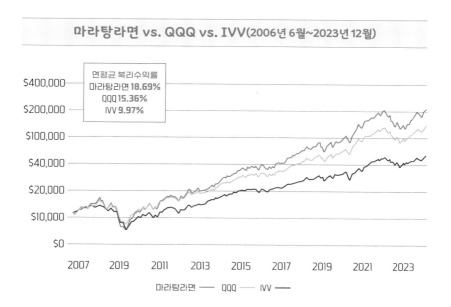

마라탕라면 vs. QQQ vs. IVV (2006년 6월~2023년 12월)

연평균 복리수익률
마라탕라면 **18.69%**
QQQ **15.36%**
IVV **9.97%**

마라탕라면 ―― QQQ ― IVV ――

2장 입맛 따라 선택하는 봉지라면 가판대: 자산증식용

마라탕라면의 연복리 수익률이 같은 기간 동안 IVV와 QQQ보다 높은 것은 물론 성장추구형보다도 높다는 것을 알 수 있다. 다만 하락 폭이 컸던 2022년 한 해 동안을 살펴보면 마라탕라면이 -40.96%, QQQ가 -32.58%, IVV가 -18.16%로 QQQ보다 하락 폭이 더 컸다는 것은 유념해야 한다.

한국라면: KODEX 미국나스닥100TR 70%＋TIGER 미국나스닥100레버리지(합성) 30%

두 가지 ETF에 대한 기본정보는 앞에서 정리한 것과 같다. 다만 'TIGER 미국나스닥100레버리지(합성)'처럼 ETF 이름에 '합성'이라는 단어가 들어간 ETF는 자산운용사가 직접 운용하는 대부분의 ETF와 달리 특정 증권회사와 '스왑(장외파생상품)계약'을 통해 목표한 지수 수익률을 제공받는 형태로 간접 운용되는 ETF를 뜻한다.

기대수익률

투자기간 5년은 미국 ETF인 QQQ의 직전 20년간 평균 수익률인 18.69%를 20% 할인한 14.952%에서 소수점 이하 반올림한 15%를 기대하며 투자기간 10년은 10%를 할인한 16.821%에서 소수점 이하 반올림한 연 복리 17%를 기대하고 투자기간 20년은 직전 20년 동안의 평균 수익률인 18.69%에서 소수점 이하를 버린 연 복리 18%를 기대한다.

기대현금흐름

매달 정액 적립식 투자와 일시 거치식 투자로 구분해 추정하면 다음
과 같다.

기대현금흐름 추정치

(단위: 만 원)

기대 수익률	매달 100만 원			일시금 1,000만 원		
	5년(15%)	10년(17%)	20년(18%)	5년(15%)	10년(17%)	20년(18%)
원금	6,000	12,000	24,000	1,000	1,000	1,000
이자	약 2,970	약 19,560	약 177,960	약 1,110	약 4,410	약 34,630
합계	약 8,970	약 31,560	약 201,960	약 2,110	약 5,410	약 35,630
총 수익률	약 49%	약 163%	약 742%	약 111%	약 441%	약 3,463%

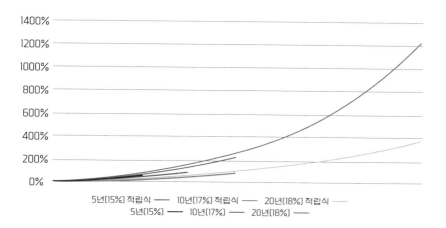

2장 입맛 따라 선택하는 봉지라면 가환대: 자산증식용

PART 3

입맛 따라 선택하는
봉지라면 가판대: 연금용

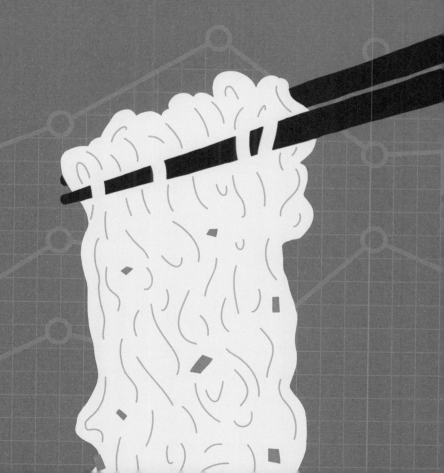

INTRO

3장은 연금용으로 활용할 수 있는 봉지라면을 소개한다. 그러나 순한라면 시리즈와 AI섞어라면 시리즈와 같이 독자들의 재정 형편과 투자성향에 따라 자산증식용으로도 활용할 수 있다.

 조리원칙

2장의 자산증식용에서 정리한 내용과 기본적으로는 동일하다. 다만 3장의 특성상 두 가지 내용을 수정하면 다음과 같다.

1) 리밸런싱

각각의 봉지라면에서 추출한 과거 수익률은 봉지라면을 구성하는 ETF의 투자비중이 투자기간의 경과에 따라 바뀌더라도 그에 따른 리밸런싱(재조정)은 적용하지 않았다. 그러나 특히 투자금의 유입 없이 그때까지 만든 목돈 혹은 연금자산을 인출해야 하는 경우에는 최소한 1년 단위로 리밸런싱을 하는 것이 좋다. 예컨대 IVV 70%＋IEF 30%로 구성된 순한라면의 경우 투자 후 1년이 지난 시점에서 IVV 80%＋IEF 20%가 되었다면 IVV에서 10%를 매도하고 그 돈으로 IEF를 매수해 원래의 비중을 유지하는 방법이다. 그렇게 하는 이유는 투자금이 유입되지 않고 인출되기 때문에 투자금이 계속 유입되는 경우와 변동성 관리 측면에서 차이가 나기 때문이다.

2) 기대수익률

각각의 봉지라면에서 추출한 과거 수익률은 리밸런싱을 적용하지 않았기 때문에 1)항의 경우에서처럼 리밸런싱을 적용할 때의 수익률과 다를 수 있다.

인생을 바꾸는 봉지라면 재테크

순한라면

기본정보 들여다보기

S&P500 지수를 추종하는 ETF 70%에 미국의 10년물 국채지수를 추종하는 채권형 ETF 30%를 섞어 구성한다. 흔히들 말하는 중립형 자산의 일종이지만 S&P500 지수를 추종하는 ETF 비중을 높였다. 그 이유는 결국 자본주의는 성장하기 때문이고 투자를 결정했다면 투자기간 동안의 변동성을 조금 낮추는 정도에 만족하는 것이 합리적이라고 생각하기 때문이다.

또한 순한라면은 투자가 부담스럽지만 첫발을 내딛는 투자자 또는 보수적인 투자자의 자산증식용으로도 활용할 수 있다.

TIP

채권 투자

경제와 투자, 특히 돈의 흐름을 이해하는 데 채권만큼 좋은 공부가 없다. 채권의 핵심요소인 금리는 모든 경제정책과 금융은 물론 투자시장에 큰 영향을 미치기 때문이다. 따라서 채권에 대한 이해는 투자에 대한 인사이트와 통찰력을 얻는 데 큰 도움이 된다. 채권을 이해하는 것이 투자의 기본이라고 말하는 이유다.

채권은 정해진 만기에 약속된 이자와 원금을 상환받는 조건으로 상대방(정부 혹은 기업)에게 돈을 빌려주고 받는 증서를 뜻한다. 우리가 은행에 예·적금을 하면서 이자를 받는 것도 내 돈을 은행에 빌려주고 만기가 되면 원금과 약속된 이자를 받는 채권이기도 하다. 다만 예·적금은 만기가 되어서야 이자를 받지만 채권은 보유기간 동안 매년, 매달 또는 분기마다 이자를 받는다. 또한 예·적금은 도중에 다른 사람에게 되팔 수 없지만 채권은 거래가 가능하다.

채권금리는 해당 채권이 발행될 때 정해지기 때문에 언제 발행된 채권이냐에 따라 채권금리가 달라진다. 따라서 채권금리의 변화를 통해 현재는 물론 앞으로의 경제를 이해하고 예상할 수 있다. 결론적으로 채권은 금리에 가장 민감하면서 대체로 금리와 반대로 움직인다. 예컨대 금리가 오르면 기존 채권 투자자는 손해, 내리면 이익이다. 왜냐하면 금리가 계속 오르면 앞으로 발행되는 채권금리가 높아 그 이전에 발행된 채권은 인기가 떨어지기 때문이다. 지난 2022년과 2023년에 걸친 금리 상승기에 채권형 상품이 주식형 상품 못지않게 손해가 났던 이유였다.

또한 채권형 상품은 금리가 고정되었다고 가정할 때 경기침체 국면에서 수익을 기대할 수 있다. 왜냐하면 경기침체기에는 불안정한 주식형 상품보다 이자를 보장하는 채권, 그 가운데 특히 정부와 공공기관이 원금과 이자를 보장하는 국공채에 대한 인기가 많아지기 때문이다. 따라서 금리 인하와 경기침체가 맞물리는 시기에 대체로 채권형 상품의 투자 수익성이 높아진다.

그러나 투자라는 것은 내일 어떻게 될지 장담할 수 없기 때문에 투자시장의 상승기에 좋은 주식형 상품과 경제침체기에 이자를 보장받으면서 안전한 채권형 상품을 혼합하면 변동성을 줄일 수 있다. 중립형 상품이 다소 보수적인 투자자에게 적합한 이유다.

채권에 투자하는 것은 세 가지 이익, 구체적으로는 기본적인 이자수익과 거래를 통해 발생하는 할인차익, 그리고 매매차익을 기대할 수 있다. 예컨대 금리 인상기에 연이자 3%인 액면가 100만 원짜리 채권을 가진 사람이 갑자기 돈이 급해서 만기가 되기 전에 내놓는다고 해보자. 만약 지금 발행되는 채권금리가 4%라고 하면 그 채권을 100만 원에 살 사람은 없다. 구체적인 할인율은 만기까지 남아 있는 기간(듀레이션)과 이자율 차이에 따라 다르겠지만 만약 되파는 가격을 90만 원으로 가정할 때 채권구매자는 액면가 대비 10만 원의 할인수익을 얻게 된다. 그 이후 다시 금리가 내리는 상황이 발생하면 보유채권에 프리미엄이 붙어 매매차익까지 기대할 수 있는 것이다. 지금 발행되는 채권금리가 2%에 불과한데 연이자 3%인 채권을 보유한 사람이 그것을 원금만 받고 팔지 않기 때문이다.

물론 금융시장에서 거래되는 채권금리는 각국 정부에서 발표하는 기준금리가 아니라 그때 당시의 경제와 금융시장의 형편에 따라 마치 주식처럼 실시간으로 달라지며 이것을 시장금리라고 한다. 예컨대 기준금리는 오르지 않더라도 시중에 돈을 구하기 힘들면 더 높은 이자를 약속하고 발행하는 채권이 많아지면서 시장금리가 오를 수 있다. 반대의 경우도 마찬가지다.

그러나 시장금리는 장기적으로 정부가 결정하는 기준금리를 따라간다.

왜냐하면 시장금리의 도매가격 역할을 하는 기준금리는 시중에 돈이 부족해 경제에 심각한 타격을 초래할 가능성이 높아지면 더 많은 돈을 공급하기 위해 떨어뜨리고(2008년의 글로벌 금융위기 직후 및 2020년 코로나19의 경우) 반대로 시중에 돈이 넘쳐 물가는 물론 주식이나 부동산 등의 자산가격에 과도한 거품을 일으키면 기준금리를 올려 시중의 돈을 회수한다. 그것을 '테이퍼링(Taperiong)', 양적긴축이라 부른다. 지난 2022년과 2023년의 경우가 그랬다.

물론 각국 정부는 너무 뜨겁지도 차갑지도 않게 시중에 돈이 적당하게 유통되는 것을 원한다. 그러나 경제는 생물과 같아서 사람들이 원한다고 그대로 되는 것은 아니다. 어쩌다 보면 양극단, 예컨대 매우 뜨겁거나 매우 차가워지는 경우도 있다. 그러다 보면 기준금리도 계속 상승(2022년에서 2023년)하거나 혹은 계속 하락(2008년 금융위기 이후)할 때가 있고 양극단이 벌어질수록 금리 변동성은 더욱 확대되면서 금리사이클의 대전환기를 맞이할 때가 있다.

기준금리는 주식처럼 단기간에 오르내림을 반복하는 것이 아니라 일반적으로 오르고 내리는 기간 혹은 동결상태가 어느 정도 지속되는 특징이 있다. 왜냐하면 기준금리는 금융시장 및 실물경제에 미치는 영향이 거의 절대적이기 때문에 단기적인 하락과 상승을 되풀이하기가 쉽지 않다. 자칫 경제 자체가 골병들 수 있다.

실제로도 지난 2008년 금융위기 직전의 고점인 5.25%에서 금융위기 이후 0.25%까지 폭락하고 7년 정도 동결상태를 유지하다가 2015년 12월부터 조금씩 올라 2018년 12월까지 3년 동안 2.50%까지 상승 후 2019년 7월부터 다시 하락하면서 2020년 3월에는 무려 12년 만에 직전의 최저금리인 2008년의 0.25%로 귀환했다. 물론 해당 기간 동안 채권형 상품에 대한 투자수익도 함께 요동쳤다.

당연히 코로나19로 인한 영향이 절대적이었다. 어쨌든 금리 인하로 인해 시중에 돈은 넘쳐났고 덕분에 경체침체를 빠르게 벗어날 수 있었지만 그때부터 인플레이션과 자산가격의 거품붕괴를 걱정해야 했다. 마침내 미국은 2022년 3월부터 금리를 다시 올리기 시작했으며 2023년 12월까지 1년 9개월 동안 5.50%까지 급등했는데 이것은 직전의 고점이었던 2007년 9월 기준으로 따지면 무려 16년 만의 빅사이클이었다.

이처럼 장기적으로 보면 금리도 주식만큼 변동성이 크다. 또한 전체적으로는 주식형 상품과 채권형 상품은 반대로 움직이는 경향이 있지만 지난 2022년의 경우처럼 하락 방향으로 같이 움직이는 때도 있다. 따라서 채권형이든 주식채권혼합형이든 상관없이 투자기간은 넉넉하게 생각하는 것이 좋다.

포트폴리오 예시

미국라면: IVV 70%+IEF 30%

IEF는 미국의 7년에서 10년까지의 국채지수를 추종한다. 중립형 자산을 구성하는 원칙은 서로 반대 방향으로 움직이는 경향이 뚜렷해야 한다는 점에서 회사채보다 안정성이 높은 국채 ETF, 기간적으로는 7년에서 10년까지의 중기국채를 사용했다. 참고로 회사채 ETF는 국채에 비해 주식형 자산과 연동되는 경향이 많다. 경기가 좋지 않으면 주가도 떨어질뿐더러 이때 돈이 필요한 기업들이 금리를 높이면서 채권

가격 하락에 영향을 끼치기 때문이다. 또한 마진이 적은 2~3년의 단기국채, 그리고 변동이 큰 10년 이상 초장기국채는 S&P500 지수 추종 ETF와 균형을 맞추기에 적절하지 않다.

미국라면 ETF 주요 내용

ETF	SPDR S&P 500 Trust	iShares 7-10Y Treasury Bond ETF
티커(Ticker)	IVV	IEF
추종지수	S&P 500지수	ICE U.S. Treasury 7-10 Year Bond TR
운용사	iShares	iShares
보수(년)	0.03%	0.15%
설정일	2000/5/19	2002/7/22

다음 그림은 지난 20년 동안 미국을 기준으로 순한라면(IVV 70%+IEF 30%), 기본라면(IVV) 100% 및 미국의 7년에서 10년까지의 국채지수를 추종하는 ETF인 IEF 100%의 수익률을 비교했다. 순한라면이 기본라면인 IVV와 채권형 ETF인 IEF의 중간 정도에 있다는 것을 알 수 있다.

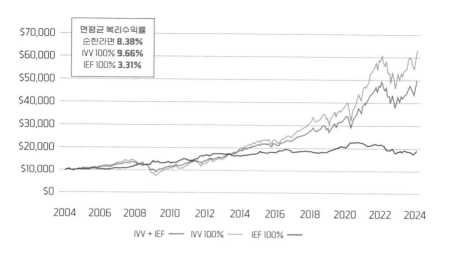

순한라면 vs. IVV vs. IEF(2004년 1월~2023년 12월)

연평균 복리수익률
순한라면 **8.38%**
IVV 100% **9.66%**
IEF 100% **3.31%**

IVV + IEF ——   IVV 100% ——   IEF 100% ——

한국라면: KODEX 미국S&P500TR 70%＋TIGER 미국채10년선물 30%

한국라면 ETF 주요 내용

ETF	KODEX 미국S&P500TR	TIGER 미국채10년선물
상장일	2021/4/9	2018/8/30
추종지수	S&P500 Total Return Index	S&P 10-Year U.S. Treasury Note Futures
운용사	삼성자산운용	미래에셋자산운용
보수[년]	0.009%	0.29%
환헤지	환헤지 없음	환헤지 없음

미국의 7년에서 10년까지의 국채지수를 추종하는 국내 상장 ETF는 없다. 대신 미국10년 국채지수를 추종하는 국내 상장 ETF는 TIGER 미국채10년선물 ETF와 KODEX 미국채10년선물 ETF가 있다. 두 가지 모두 현물이 아닌 선물거래에 바탕하는 파생상품이지만 주식형 파생상품처럼 그다지 위험한 것은 아니다. 그 가운데 거래량, 운용자산 등을 고려해 TIGER 미국채10년선물 ETF를 포트폴리오에 담았다.

국내 상장 미국채10년선물 ETF(2024년 3월 31일 기준)

[단위: 억 원]

ETF	TIGER 미국채10년선물	KODEX 미국10년국채선물
상장일	2018/8/30	2018/10/19
추종지수	S&P 10-Year U.S. Treasury Note Futures	
운용사	미래에셋자산운용	삼성자산운용
보수	0.29%	0.09%
운용규모	1,200	430
환헤지	환헤지 없음	

인생을 바꾸는 봉지라면 재테크

기대수익률

미국국채 ETF 변동성이 주식형 ETF보다 크게 적다는 것을 감안해 미국라면을 기준으로 투자기간 5년은 직전 20년 동안의 연평균 과거 수익률인 8.38%의 10% 할인된 7.55%에서 소수점 이하 반올림한 연 복리 8%를 기대한다. 투자기간 10년 및 20년은 8.38%에서 소수점 이하를 버린 8%를 기대한다. 따라서 노후 목돈을 매년 5% 인출하면서 남은 돈을 8%로 불리는 데 활용할 수도 있다.

기대현금흐름

매달 정액 적립식 투자와 일시 거치식 투자로 구분해 추정하면 다음
과 같다.

기대현금흐름 추정치

(단위: 만 원)

기대 수익률	매달 100만 원			일시금 1,000만 원		
	5년(8%)	10년(8%)	20년(8%)	5년(8%)	10년(8%)	20년(8%)
원금	6,000	12,000	24,000	1,000	1,000	1,000
이자	약 1,400	약 6,420	약 35,290	약 490	약 1,220	약 3,930
합계	약 7,400	약 18,420	약 59,290	약 1,490	약 2,220	약 4,930
총 수익률	약 23%	약 54%	약 147%	약 49%	약 122%	약 393%

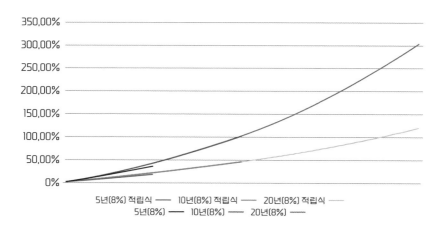

5년(8%) 적립식 —— 10년(8%) 적립식 —— 20년(8%) 적립식 ——
5년(8%) —— 10년(8%) —— 20년(8%) ——

인생을 바꾸는 봉지라면 재테크

조금 순한라면

기본정보 들여다보기

조금 순한라면은 S&P500 지수를 추종하는 ETF 대신 나스닥100 지수를 추종하는 ETF 50%, 미국의 7~10년 중기국채 지수를 추종하는 ETF 대신 미국의 20년물 이상의 장기국채 지수를 추종하는 ETF 30%를 섞어 구성한다. 나스닥100 지수는 S&P500 지수보다 변동성이 크기 때문에 비중을 낮추면서 그것에 대응하는 채권형 ETF 역시 7~10년 중기국채 지수보다 변동성이 큰 20년물 이상의 장기국채 지수를 배치했다.

노후의 재정 형편이 순한라면에만 만족하기 힘든 경우, 예컨대 목돈을 5% 이상 인출하면서 남은 돈을 불려야 하는 사람 혹은 연금 인출이 아닌 자산증식을 목적으로 하는 경우에 매운라면인 나스닥100 지수 추종 ETF에 투자하면서 변동성을 낮추고 싶은 투자자에게 적합하다.

포트폴리오 예시

미국라면: QQQ 70%+TLT 30%

	미국라면 ETF 주요 내용	
ETF	Invesco Nasdaq100 Trust	iShares 20+ Year Treasury Bond ETF
티커(Ticker)	QQQ	TLT
추종지수	나스닥100 지수	U.S. Treasury 20+ Year Index
운용사	PowerShares	iShares
설정일	1999/3/10	2002/7/26
보수(년)	0.2%	0.15%

다음은 지난 20년 동안 순한라면(IVV 70%+IEF 30%)과 조금 순한라면(QQQ 50%+TLT 30%)의 수익률을 비교한 그림이다.

인생을 바꾸는 봉지라면 재테크

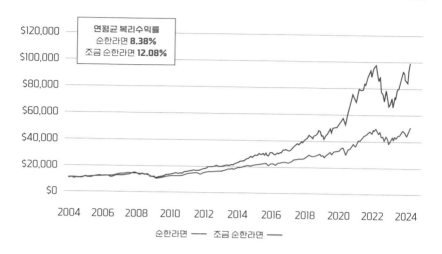

순한라면 vs. 조금 순한라면(2004년 1월~2023년 12월)

연평균 복리수익률
순한라면 **8.38%**
조금 순한라면 **12.08%**

순한라면 —— 조금 순한라면 ——

한국라면: KODEX 미국나스닥100TR 70%+ARIRANG 미국채30년액티브 30%

한국라면 ETF 주요 내용

ETF	KODEX 미국나스닥100TR	ARIRANG 미국채30년액티브
상장일	2021/4/9	2023/8/22
추종지수	NASDAQ 100 Total Return Index	Bloomberg US Treasury 20+ Year Total return Index 대비 초과성과 달성을 목표
운용사	삼성자산운용	한화자산운용
보수(년)	0.009%	0.15%
환헤지	환헤지 없음	환헤지없음

KODEX 미국나스닥100TR을 추천하는 이유는 앞에서 설명한 것과 동일하다. 다만 2024년 3월 기준, 미국의 20년 이상 장기국채 지수를 추종하는 국내 상장 ETF는 없기 때문에 액티브형인 ARIRANG 미국채30년액티브로 대체했다. 액티브형이면서 해당 지수를 100% 추종하는 대신 최대 30% 범위 내에서 운용사의 재량을 발휘해 초과수익을 목표로 한다. 물론 결과는 보증할 수 없다.

기대수익률

미국국채 ETF 변동성이 주식형 ETF보다 크게 적다는 것을 감안하더라도 나스닥100 지수의 변동성이 높기 때문에 미국라면을 기준으로 투자기간 5년은 직전 20년 동안의 연평균 과거 수익률인 12.08%의 20% 할인된 9.66%에서 소수점 이하 반올림한 연 복리 10%를 기대한다. 투자기간 10년 및 20년은 12.08%에서 10%를 할인한 10.87%에서 소수점 이하 반올림한 11%를 기대한다.

기대현금흐름

매달 정액 적립식 투자와 일시 거치식 투자로 구분해 추정하면 다음과 같다.

기대현금흐름 추정치

(단위: 만 원)

기대 수익률	매달 100만 원			일시금 1,000만 원		
	5년(10%)	10년(11%)	20년(11%)	5년(10%)	10년(11%)	20년(11%)
원금	6,000	12,000	24,000	1,000	1,000	1,000
이자	약 1,810	약 9,900	약 63,360	약 650	약 1,990	약 7,940
합계	약 7,810	약 21,900	약 89,360	약 1,650	약 2,990	약 8,940
총 수익률	약 30%	약 83%	약 264%	약 65%	약 199%	약 794%

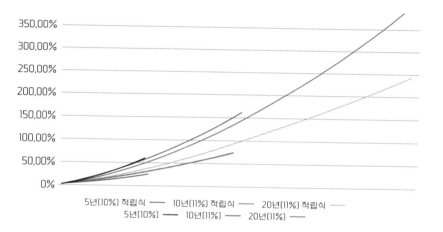

5년(10%) 적립식 —— 10년(11%) 적립식 —— 20년(11%) 적립식 ——
5년(10%) —— 10년(11%) —— 20년(11%) ——

거위라면

기본정보 들여다보기

거위라면은 끓일수록 맛이 깊어지면서 마치 거위가 낳는 알탕을 먹는 듯한 라면이다. 흔히들 이야기하는 배당형 ETF로 종류에 따라서는 연평균 배당금과 함께 원금증식도 기대할 수 있다.

미국은 '배당천국'으로 알려져 있을 정도로 주주가치를 위한 배당정책을 우선하는 기업들이 많다. 당연히 배당전략을 추구하는 ETF들도 많지만 그 가운데 필자가 간추려 본 5개 ETF의 2023년 평균 배당률은 3.28% 정도였다. S&P500 지수를 추종하는 IVV의 2023년 배당률인 1.44%에 비해 2배가 훨씬 넘는다. 심지어 지난 2023년에는 금리 급등으로 인해 S&P500 지수에 속한 기업들 가운데 배당을 하지 못했거나 줄인 경우를 감안하더라도 상당히 높은 배당금을 지급하는 셈이다.

거위라면은 기본적으로 노후목돈의 연금화 전략에 가장 적합하다. 물론 배당을 통해 투자에 대한 재미를 느끼면서 자산을 불려야 하는 5년, 10년 이상의 다양한 재무목표에도 유용하다.

불리면서 평생 쓰는 연금자산 인출전략

한국의 고령화는 매우 빠르게 진행되고 있지만, 고령화가 시작된 것으로 따지면 선진국에 비해 훨씬 늦다. 예컨대 자본주의가 오래전에 정착한 유럽 선진국이나 미국은 고령인구가 많아지기 시작한 1900년대 중순부터 노후자산 관리에 대한 연구가 진행되었지만, 한국은 1988년도에 국민연금이 처음 시작되었으니 노후자산 관리라는 개념 자체가 없었다. 그러다 보니 연금 관련 상품에 가입하면서 미래 기대 수익률에 대한 인식도 부족했다. 절세도 되면서 연금도 준비할 수 있는 연금저축상품의 총 적립금 가운데 무려 70%를 차지하고 있는 연금저축보험의 지난 10년 연평균 수익률이 1.51%에 불과했다는 것은 연금자산에 대한 무관심이 어느 정도인지 짐작할 수 있다(2024년 5월 2일 금융감독원 공시).

그나마 1차 베이비붐 세대가 은퇴하기 시작하는 2020년대부터 노후자산 관리 및 연금자산 인출전략 등에 관심이 커졌고 특히 평균수명 100세 시대가 성큼 다가오면서 노후자산, 그 가운데 연금자산 인출전략에 대한 관심은 폭발적으로 증가했다. 안타깝게도 우리나라는 다른 선진국들에 비해 노후 준비가 제대로 안 된 경우가 많기 때문에 대체로 65세까지는 어떻게든 소득활동을 하면서 뒤늦게라도 부족한 연금자산을 만들려는 사람들이 많아지고 있다. 앞에서 언급했던 '대표사원과 함께하는 월 적금식 ETF 투자'도 그렇게 시작된 상품이다.

연금자산 인출전략의 두 가지 핵심

연금자산 인출전략의 핵심은 다음의 두 가지다.

첫째, 65세 혹은 70세부터 연금으로 살아야 한다면 그때부터 최소 30년 이상 쓸 수 있어야 한다.

둘째, 돈의 가치 하락, 즉 물가인상률을 반영해 매년 인출금액이 조금씩 많아져야 한다.

특히 두 번째 조건은 매우 중요하다. 가끔 연금을 적립하는 동안에는 확정적인 고정금리로 불려주지만 연금이 개시된 이후부터는 단 1원도 불려주지 않고 평생 같은 금액을 지급한다는 상품에 대해 문의하는 경우가 있는데, 그것은 조금만 생각해도 쉽게 판단할 수 있다. 예컨대 적립기간 동안 적용되는 금리(ex. 10년 동안 단리 8%)와 연금지급 이후 사망할 때까지 적용되는 금리(ex. 30년 동안 0%)를 단순하게 가중평균해보는 것만으로도 해당 상품의 가치를 따져볼 수 있다. 즉 10년 동안 단리 8%를 불려주더라도 연금지급 이후 30년 동안 금리가 0%라면 총 40년 동안 연평균 수익률은 2%에 불과한 셈이다. 그것조차 반드시 연금으로만 받아야 하고 중간에 해지하면 전혀 다른 조건으로 돌려받는다.

특히 노후에는 만약의 경우 치명적인 질환의 발병 등으로 목돈이 필요할 수 있기 때문에 언제든 찾아 쓸 수 있는 환금성도 중요하다. 따라서 초장기 상품인 연금 관련 상품을 선택할 때는 가성비, 즉 해당 상품을 통해 기대할 수 있는 것과 그것을 위해 지불하고 감수해야 할 내용 등을 잘 따져보아야 한다. 지금부터 수십 년, 나에게 어떤 일이 일어날지 아무도 모르기 때문이다.

노후에 돈의 가치가 왜 중요하냐면 벌지도 못하고 쓰기만 하기 때문이다. 예컨대 소득활동을 하는 동안에는 물가인상률을 반영해 월급이 오르는 것처럼 소득활동이 없는 노후에는 월급 역할을 하는 연금소득을 최소한 물가인상률만큼 높일 수 있어야 한다. 그렇지 않으면 나이가 들수록 삶은 더욱 궁핍해질 수밖에 없다.

돈의 가치 하락은 노후의 삶을 어떻게 만들까?

물가로 인한 돈의 가치 하락이 노후의 삶을 얼마나 위험에 빠트릴까? 흔히들 장바구니 물가로 표현하는 체감물가상승률을 매년 3%로 가정하면 첫 해 100만 원의 가치는 10년 후 약 73만 7천 원으로 30% 가까이 줄어들고 20년 후에는 약 54만 3천 원으로 절반 가까이 쪼그라든다. 그리고 30년 후에는 40만 1천 원으로 무려 60%만큼 줄어든다. 따라서 은퇴 후 10년만 지나더라도 당장의 생활은 크게 불편해진다. 노후자금을 최소한 물가인상률 이상으로 불려야 하는 이유다.

그러나 위 두 가지 조건, 즉 연금자산을 30년 이상 사용하면서 물가인상률을 반영해 매년 조금씩 많아지게 하려면 돈이 엄청 많거나 아니면 인출 후 남은 돈을 그 이상, 예컨대 매년 5%를 찾아 쓴다면 남은 돈을 최소 6% 이상 불려야 한다. 물론 돈이 엄청 많다면 수익률에 신경 쓸 필요 없이 은행에만 넣어놓고 꺼내쓰면 된다. 그런데 한국의 은퇴자들 가운데 그런 조건을 가진 사람이 얼마나 될까? 결국 대부분의 은퇴자들이 맞닥뜨린 현실은 불리면서 꺼내쓰는 전략을 선택할 수밖에 없는 형편이다. 그렇다면 도대체 얼마씩 꺼내쓰고 남은 돈을 얼마씩 불려야 할까?

노령화가 훨씬 일찍 시작된 미국에서는 '윌리엄 벤젠의 4% 인출전략'이 노후인출전략의 기준으로 인식되었다. 그것은 은퇴 첫해에 매년 4%를 찾아 쓰고 그다음 해부터는 인플레이션을 감안해 매년 조정된 금액을 찾아 쓰는 방식이다. 그렇게 하면 연금자산을 최소 30년 이상 지속할 수 있다는 것이다. 이때 벤젠은 인출 후 남는 돈을 보통주와 중기국채에 각각 50%씩 투자한다고 가정했다.

이것을 봉지라면에 적용해보면 기본라면, 즉 미국 S&P500 지수에 투자하는 ETF인 IVV와 미국 7~10년 중기국채에 투자하는 ETF인 IEF에 각각 50%씩 투자하는 것과 비슷한 개념이다. 그렇다면 지난 20년 동안 IVV와 IEF에 각각 50%씩 투자했을 때의 결과는 어떻게 되었을까? 연평균 8.04%의 수익률을 기록했다.

이 같은 수익률은 특히 지난 2022년과 2023년에 걸친 금리 급등으로 인한 자산시장의 큰 변동기가 포함된 수익률이라는 점에서 의미가 크다. 예컨대 그 기간을 제외한 20년, 즉 2002년 1월부터 2021년 12월까지의 연평균 수익률은 8.94%로 그것의 10% 이상이다.

또한 윌리엄 벤젠의 4% 인출전략은 1926년에서 1976년의 50년에

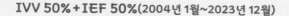

IVV 50%＋IEF 50%(2004년 1월~2023년 12월)

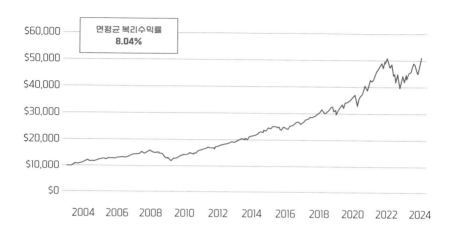

연평균 복리수익률
8.04%

$60,000
$50,000
$40,000
$30,000
$20,000
$10,000
$0

2004 2006 2008 2010 2012 2014 2016 2018 2020 2022 2024

걸쳐 시작된 수많은 사람의 실제 은퇴를 연구결과에 포함시켰는데 해당 기간은 1929년에서 1931년의 대공황을 비롯한 몇 차례의 주가 폭락은 물론 20%를 넘는 고물가에 시달렸던 때도 있었다. 즉 자본주의와 금융시장이 지금보다 훨씬 불안정한 시기였고 지금의 고배당 ETF와 같이 성장과 배당을 동시에 추구하는 매력적인 상품조차 없었다는 것을 감안하면 그때보다 금융이 훨씬 고도화되고 성숙된 지금은 5% 인출로 높이는 것도 가능하다고 생각한다. 심지어 최근 미국의 '위드 인텔리전스'에서 2024년 3월에 발표한 은퇴저널을 보면 '4% 규칙의 소멸: 새로운 시장 상황과 은퇴자의 요구로 인한 은퇴 후 지출에 대한 재고'라는 주제의 연구에서 공동저자 야다이(Ya Dai)는 인플레이션을 감안해 6% 인출전략이 타당하다고 주장했다.

또한 같은 이유로 인출 후 남은 돈을 8% 운용하는 것도 어려운 일은 아니라고 생각한다. 앞에서 확인한 것처럼 IVV와 IEF에 각각 50%씩 투자하는 포트폴리오만으로도 지난 20년 동안 연평균 8% 이상의 수익을 기록했기 때문이다. 특히 인출 후 남은 돈을 8%로 불려야 하는 또 다른 이유는 기본적인 금융소득세 외에도 노후소득과 연관되는 건강보험료 등, 각종 준조세성격의 부담을 고려해야 하기 때문이다. 그렇다면 만약 60세에 은퇴자산 1억 원을 매년 5%씩 인출하면서 남은 돈을 매년 8%로 불리면 원금과 인출액은 매년 어떻게 달라질까?

인출전략 예시 그림에서처럼 60세에는 월 45만 원이지만 70세 58만 원, 80세 75만 원으로 돈의 가치가 떨어지는 것을 감안해 증가하고 있다. 왜냐하면 원금도 갈수록 많아지기 때문에 연금으로 사용하는 인출금액 역시 함께 증가하면서 나이가 들수록 궁핍하지 않은 노후를 지낼 수 있다. 그렇게 100세가 되면 처음 1억 원은 2억 7,900만 원으로 불어나기 때문에 언젠가 마지막 날이 되면 가족들에게 상속되거나 특별히 원하는 곳에 사용할 수 있을 것이다. 물론 치명적인 질환의 발병 등으로 불가피하게 목돈이 필요한 경우에는 언제든 인출할 수도 있다. 이처럼 연금자산 인출전략에 활용할 수 있는 봉지라면 5% 인출 8% 운용뿐만 아니라 독자들의 선택에 따라 다양하게 구성해볼 수 있다.

인생을 바꾸는 봉지라면 재테크

2억
7,900만 원

2억
1,500만 원

1억
6,700만 원

1억
2,900만 원

1억 원

월 125만 원

월 97만 원

월 75만 원

월 58만 원

월 45만 원

60세 70세 80세 90세 100세

원금 —— 월 인출 금액 ——

배당주 ETF 선택의 세 가지 포인트

배당주 ETF를 선택할 때는 배당률과 주가 변동성 및 원금 상승에 대한 기대감 등 세 가지를 기준으로 판단하는 것이 좋다.

일반적으로 세 가지 모두를 충족하는 ETF는 없다. 원금 상승을 기대할수록 변동성은 확대되고 배당률은 떨어진다. 배당률은 배당금을 현재의 주가로 나눈 값이기 때문에 분모에 해당하는 주가가 오를수록 배당률은 떨어지기 때문이다.

예컨대 1주당 가격이 1만 원인 ETF의 연 배당금이 1천 원이라면 배당률은 10%이지만 주당 가격이 2만 원으로 상승하면 배당률은 5%

로 떨어진다. 반면 가격이 오르지 않은 ETF의 배당률은 여전히 10%일 것이다. 그렇다고 기업들이 주가 상승에 비례해 배당률을 결정하는 것도 아니기 때문에 주가에 연동되는 배당률보다 1주당 배당금이 얼마인지 확인할 필요가 있다. 따라서 안정적인 배당을 원하는지, 아니면 배당과 함께 원금 상승을 추구할 것인지에 따라 포트폴리오가 달라진다.

전자의 경우에는 목돈을 활용해 연금처럼 사용하기 원하는 은퇴자들에게 적합하다. 이때 포트폴리오 수익률과 배당률을 바탕으로 매년 얼마씩 사용하기 원하는지에 따라 원금 상승 여부도 달라진다. 예컨대 연평균 포트폴리오 수익률과 배당률을 합친 금액보다 적은 금액을 연금처럼 매달 인출하면 내 돈을 불리면서 평생연금처럼 사용할 수 있다.

물론 QYLD와 같은 커버드콜 ETF처럼 배당률이 10%가 넘는 경우도 있다. QYLD는 나스닥100 지수를 추종하면서 현물주식을 매수하는 동시에 선물매도전략을 사용하는 파생상품으로 콜옵션 매수자에게서 받은 옵션프리미엄을 투자자들에 대한 배당금으로 사용하기 때문에 배당률이 높다. 예컨대 2023년 QYLD의 배당률은 12월 28일 종가를 기준으로 12.8%에 달한다. 매달 1% 이상의 배당금을 받은 셈이다. 국내 상장 ETF 가운데 QYLD와 동일한 지수를 추종하는 미래에셋자산운용의 'TIGER 미국나스닥100커버드콜(합성) ETF'의 2023년 연간 배당률도 12% 이상이다. 은행 예금은 물론 일반 채권이나 리츠 관련 종목보다 많았다.

배당금 확대를 위해 커버드콜 전략을 사용하는 대표적인 ETF들은 각각의 ETF가 옵션거래의 기준으로 삼는 시장을 기준으로 QYLD(나스닥), JEPI(S&P500) 및 TLTW(장기국채)를 생각할 수 있다.

JEPI는 S&P500TR 지수를 옵션거래의 기준으로 현물주식을 매수하는 동시에 선물매도전략을 사용하는 파생상품으로 QYLD와 마찬가지로 콜옵션 매수자에게서 받은 옵션프리미엄을 투자자들에 대한 배당금으로 사용하기 때문에 배당률이 높다. 다만 QYLD는 나스닥100 지수가 옵션거래 기준인 반면 JEPI는 S&P500TR인 점이 다르다. 당연히 변동성도 QYLD가 높기 때문에 JEPI에 비해 배당금이 많다. 변동성이 클수록 콜옵션 매수자에게서 받는 옵션프리미엄이 많아지기 때문이다. 반면 TLTW는 QYLD와 JEPI와 달리 주식이 아닌 미국의 20년 이상 장기국채 지수를 활용해 콜옵션전략을 사용한다는 점에서 차이가 크다. 각각의 주요 내용을 정리하면 다음과 같다.

ETF	Global X NASDAQ 100 Covered Call ETF	JPMorgan Equity Premium Income ETF	iShares 20+ Year Treasury Bond Buywrite Strategy ETF
티커(Ticker)	QYLD	JEPI	TLTW
옵션거래 기준지수	CBOE NASDAQ-100 BuyWrite V2 IR	S&P 500 TR	Cboe TLT 2% OTM BuyWrite
지수섹터	나스닥	S&P500	20년 이상 장기국채
배당률(년)	12%	8%	19.6%
배당주기	매월	매월	매월
보수(년)	0.61%	0.35%	0.2%
설정일	2013/12/12	2020/5/20	2022/8/22
운용사	Global X Funds	JPMorgan	iShares

미국라면 대표 커버드콜 ETF

QYLD와 JEPI 및 TLTW에 대응하는 국내 상장 ETF는 TIGER 미국 나스닥100 커버드콜(합성)과 TIGER 미국배당+7%프리미엄다우존스 및 SOL 미국30년국채커버드콜(합성)이 있으며 각각의 주요 내용은 다음과 같다.

인생을 바꾸는 봉지라면 재테크

한국라면 대표 커버드콜 ETF

ETF	TIGER 미국나스닥100 커버드콜(합성)	TIGER 미국배당+ 7%프리미엄 다우존스	SOL 미국30년 국채커버드콜(합성)
옵션거래 기준지수	CBOE Nasdaq-100 BuyWrite V2 지수(Total Return)	DowJones U.S. Dividend 100 7% Premium Covered Call 지수 (TR)	KEDI 미국 국채 20년+ 커버드콜 지수(NTR)
배당률(년)	12%	7%	10%
배당주기	매월(마지막 영업일)	매월(마지막 영업일)	매월(마지막 영업일)
보수(년)	0.37%	0.39%	0.25%
상장일	2022/9/22	2023/6/20	2023/12/27
운용사	미래에셋 자산운용	미래에셋 자산운용	신한자산운용

그러나 커버드콜 ETF는 가격 변동성이 높은 파생상품이라는 것은 기억해야 한다. 실제로 2020년의 코로나19 이후 2023년까지 주가 급등락 시기에 배당금을 전액 재투자하는 것을 감안한 QYLD 주가는 S&P500 지수를 추종하는 IVV와 나스닥100 지수를 추종하는 QQQ보다 훨씬 적게 올랐다.

이것은 옵션거래로 인한 커버드콜 ETF의 가격조절기능 때문인데 하락 국면에서는 보유자산의 평가손실이 옵션프리미엄을 통한 매출만큼 만회되는 효과로 인해 손실은 줄어들지만 반대로 상승 국면에서는 보유자산을 옵션거래를 통해 매도했기 때문에 IVV, QQQ와 같은 성장

3장 입맛 따라 선택하는 봉지라면 가환대: 연금용

주 ETF보다 상승 폭이 제한되는 단점이 있다.

따라서 커버드콜 ETF는 대체로 주가가 급하게 오르거나 내리는 구간보다 횡보할 때 유리하다. 자산의 변화는 크지 않지만 대신 옵션프리미엄을 챙겼기 때문이다. 그러나 장기적으로 보면 자본주의는 평균적으로 상승한다는 것을 감안하면 상승이익은 챙기지 못하면서 높은 배당금을 빼먹기만 하면 시간이 지날수록 원금이 줄어들 수도 있다. 따라서 QYLD 혹은 동일한 방식으로 운용하는 국내 상장 ETF의 경우 각자의 재정 형편에 따라 다르겠지만 가능하면 원금손실을 충당하기 위해 배당금의 절반 정도는 재투자하는 것이 좋다. 또한 투자 목적이 자산증식인 경우는 물론 배당 목적인 경우에도 서로 보완될 수 있는 ETF들과 포트폴리오를 구성해 적절한 리밸런싱을 하면서 관리하는 것이 좋다.

그러나 필자는 자산증식을 위한 목적으로 고배당 ETF에만 투자하는 것은 추천하지 않는다. 왜냐하면 기본라면, 수제라면, 매운라면 시리즈와 순한라면 시리즈를 통해서도 그것들보다 더 높은 수익률을 기대할 수 있을 뿐만 아니라 매년 배당금에 대한 세금처리와 그로 인한 준조세 성격의 부담금까지 감안하면 더욱 그렇다.

다음 그림은 원금 상승은 물론 배당률이 높은 SCHD와 고배당 ETF 가운데 상장일이 가장 오래된 VYM을 S&P500 지수를 추종하는 IVV와 비교한 수익률이다. 비교기간은 SCHD가 상장된 2010년 이후부터 2023년 말까지이며 배당금은 전액 재투자 조건이다.

IVV vs. SCHD vs. VYM(2011년 10월~2023년 12월)

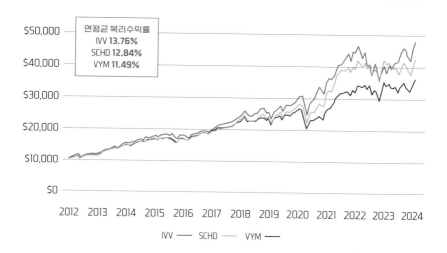

연평균 복리수익률
IVV **13.76%**
SCHD **12.84%**
VYM **11.49%**

IVV —— SCHD —— VYM ——

　결과적으로 SCHD와 VYM보다 IVV 수익률이 높다. 다른 고배당 ETF들과 비교해도 마찬가지다. 다만 은퇴 이후의 자산증식 목적으로는 고배당 ETF도 매우 유용하다. 왜냐하면 안전마진 역할을 하는 안정적인 배당을 통해 변동성을 관리하면서 마음의 평화를 유지할 수 있기 때문이다. 특히 나이가 들수록 마음의 안정은 건강을 좌우한다.

.

옵션거래

옵션거래는 미래의 특정 시기에 주식을 특정 가격에 매수하거나 매도할 수 있는 권리를 현재 시점에서 매매하는 것(선물거래)을 뜻한다. 이때 매수할 수 있는 권리를 '콜옵션(Call option)', 매도할 수 있는 권리를 '풋옵션(Put option)'이라고 한다. 커버드콜 ETF에서 사용하는 콜옵션 가격은 대체로 현재 가격과 같거나 비슷한 수준으로 정하는 경우가 많은데 그것을 ATM(At The Money, 등가격) 콜(Call)이라고 한다. 반대로 OTM(Out of The Money, 외가격) 콜은 ATM 콜과 달리 현재 가격보다 행사 가격이 높다. 커버드콜ETF에서 주로 ATM 콜을 사용하는 이유는 현재 가격으로 매수한 주식가격이 미래에 하락하는 경우의 손실을 분산하기 위한 현물과 선물의 1:1매칭 전략 때문이다.

이것을 삼성전자 주식에 적용해 설명해보자. 현재 시점에서 1주당 가격이 10만 원인 삼성전자 주식을 10주 매수하면서 동시에 10주를 1개월 뒤에 10만 원에 팔겠다는 약속(권리), 즉 ATM 콜을 했다고 가정할 때, 그 약속(권리)을 산 사람, 즉 1개월 뒤 나에게서 삼성전자 주식 10주를 매수할 수 있는 권리인 콜옵션을 매수한 사람은 그 대가로 1주당 2천 원의 프리미엄을 나에게 지급한다. 이것이 ATM 콜옵션 거래다.

그 이후 1개월이 지나면 삼성전자 주식은 옵션가격을 기준으로 다음의 세 가지 방향에서 결정될 것이다.

첫째는 옵션가격 이상으로 상승하는 경우다. 예컨대 삼성전자 주가가 11만 원이 되었다면 콜옵션 매수자는 당연히 권리를 행사해 내가 보유한 삼성전자 주식 10주를 주당 10만 원에 가져갈 것이다. 그는 가만히 앉아서 1주당 8천 원(1만 원-옵션프리미엄 2천 원)씩 총 8만 원을 번 셈이다. 대신 나는 10주에 대한 옵션프리미엄으로 총 2만 원을 챙겼으니 손해는 아니다.

인생을 바꾸는 봉지라면 재테크

두 번째는 옵션가격과 비슷하게 형성된 경우다. 예컨대 삼성전자 주가가 10만 1천 원이 되었다면 콜옵션 매수자는 권리를 포기할 수도 있고 행사할 수도 있다. 그래도 나는 손실이 없다. 왜냐하면 1주당 옵션프리미엄 2천 원을 챙겼기 때문이다.

마지막 세 번째는 옵션가격보다 하락한 경우다. 예컨대 삼성전자 주가가 9만 원이 되었다면 그것을 콜옵션 가격인 10만 원에 매수할 필요가 없기 때문에 콜옵션 매수자는 자신의 권리를 포기하는 것이 유리할 것이다. 물론 나도 주가 하락으로 손실을 입게 되지만 대신 1주당 옵션프리미엄 2천 원을 벌었기 때문에 그만큼 손실을 보전하는 효과가 있다.

거위라면을 위한 ETF

다음 표는 거위라면에 활용할 수 있는 미국의 고배당 ETF 가운데 필자가 간추린 5개 ETF의 주요 내용이다.

SCHD(Schwab US Dividend Equity ETF)

분기배당 ETF로 10년 이상 매년 10%씩 꾸준히 배당을 늘려가는 배당성장기업들 가운데 부채 대비 영업현금흐름과 자기자본이익률(ROE) 등 펀더멘털이 좋은 기업들을 편입한 Dow Jones U.S. Dividend 100 지수를 추종하는 대표적인 고배당 ETF다.

해당 ETF의 상위 10위 이내에 편입되어 있는 종목 가운데 잘 알려

ETF	Schwab US Dividend Equity ETF	ProShares S&P 500 Dividend Aristocrats ETF	Global X S&P500 Quality Dividend ETF	Vanguard High Dividend Yield Index Fund ETF	Invesco S&P 500 High Dividend Low Volatility ETF
티커(Ticker)	SCHD	NOBL	QDIV	VYM	SPHD
추종지수	DJ US Dividend 100 TR USD	S&P 500 Dividend Aristocrats TR USD	S&P 500 Quality High Dividend TR	FTSE High Dividend Yield TR USD	S&P 500 Low Volatility High Div TR USD
배당률(년)	3.49%	2.09%	3.26%	3.12%	4.48%
배당주기	분기	분기	매월	분기	매월
보수(년)	0.06%	0.35%	0.2%	0.06%	0.3%
설정일	2011/10/20	2013/10/10	2018/7/17	2006/11/16	2012/10/18
운용사	Schwab ETFs	ProShares	Global X Funds	Vanguard	Power Shares

※ 배당률 2023년 기준

진 기업으로는 워런 버핏이 좋아하는 코카콜라(Coca-Cola)를 비롯해 통신회사인 브로드컴(Broadcom), 제약회사인 머크(Merck), 소비재회사인 홈디포(Home Depot) 등이 있다.

NOBL(ProShares S&P 500 Dividend Aristocrats ETF)

배당금을 25년 이상 꾸준히 늘려온 배당귀족 지수인 S&P500 Dividend Aristocrats 지수를 추종하며 S&P500 지수에 속한 기업 중

주당 배당금(DPS)이 25년 이상 늘어난 종목을 편입한다. 최소 구성종목은 40개로 이에 미달할 경우 DPS가 20년 이상 늘어난 종목을 차순위로 편입한다.

해당 ETF의 상위 10위 이내에 편입되어있는 종목 가운데 잘 알려진 기업으로는 미국의 대형수퍼마켓체인점인 월마트(Walmart), 각종 건설 및 산업용 장비를 생산하는 캐터필러(Caterpillar) 등이 있다.

QDIV(Global X S&P500 Quality Dividend ETF)

S&P500을 기반으로 ROE(Return On Equity, 자기자본이익률)와 부채 비율을 고려해 200개 기업을 고른 다음 배당수익률 상위 200개 기업을 뽑아 교집합을 이루는 기업들로 지수를 구성하는 고배당 ETF다. 해당 ETF의 상위 10위 이내에 편입되어 있는 종목 가운데 잘 알려진 기업으로는 의류업체인 랄프로렌(Ralph Lauren), 제약회사인 머크(Merck) 등이 있다.

VYM(Vanguard High Dividend Yield Index Fund ETF)

고배당 ETF 가운데 가장 오래된 ETF로 금융회사 비중이 상대적으로 많다. 그만큼 원금과 배당의 안정적인 운용전략을 추구한다. 해당 ETF의 상위 10위 이내에 편입되어 있는 종목 가운데 잘 알려진 기업으로는 미국의 대표적인 금융회사 가운데 하나인 제이피모건(JP Morgan), 에너지기업 엑손모빌(Exxon Mobil), 제약회사인 존슨앤존슨(Johnson&Johnson) 등이 있다.

SPHD(Invesco S&P 500 High Dividend Low Volatility ETF)

SPHD는 배당성장을 추구하면서 안정적이면서도 높은 배당에 집중하는 전략을 추구한다. 해당 ETF의 상위 10위 이내에 편입되어 있는 종목 가운데 잘 알려진 기업으로는 한국의 KT와 비슷한 에이티엔티(AT&T), 제약회사인 화이자(Pfizer), 담배회사로 유명한 필립모리스(Philip Morris) 등이 있다.

참고로 미국 고배당 ETF에 대응하는 국내 상장 ETF는 많지 않다. 그 가운데 미국의 대표적 고배당 ETF인 SCHD에 대응하는 국내 상장 ETF를 소개하면 다음과 같다.

SCHD에 대응하는 국내 상장 ETF			
ETF	SOL 미국배당다우존스	ACE 미국배당다우존스	TIGER 미국배당다우존스
상장일	2022/11/15	2021/10/21	2023/6/20
추종지수	Dow Jones U.S. Dividend 100 Index(Price Return)		
운용사	신한자산운용	한국투자신탁운용	미래에셋자산운용
보수 및 운용규모	0.010%/4000	0.010%/2100	0.010%/3900
환헤지	환노출		

인생을 바꾸는 봉지라면 재테크

거위라면 포트폴리오는 목돈을 활용한 배당금을 연금처럼 사용하기 원하는 사람들에게 적합하다. 노후 재정 형편을 바탕으로 자산증식 또는 배당집중, 그리고 원금감소를 줄이면서 최대한 길게 사용할 수 있는 원금보존추구형 등 세 가지를 기준으로 포트폴리오를 예시하면 다음과 같다.

포트폴리오 예시 1: 자산증식과 배당전략 동시 추구

배당금을 포함한 연평균 수익률을 8% 이상 불리면서 매년 수익금 가운데 5%씩 인출해 배당은 물론 자산증식을 동시에 추구하는 전략이다. 세 가지 포트폴리오 가운데 변동성이 가장 높기 때문에 노후의 재정 형편이 비교적 여유 있는 경우에 적당하다.

미국라면: IVV 40%＋SCHD 30%＋JEPI 30%

원금이 상승한다는 것은 시간이 지날수록 내가 받는 배당금도 증가하기 때문에 은퇴 후 노후를 즐기려는 사람은 물론 경제적 자유를 꿈꾸는 사람들에게도 적합하다. 원금 상승을 위해 S&P500 지수를 추종하는 IVV에 40%를 배정하고 나머지 60%는 대표적인 고배당 ETF 가운데 하나인 SCHD, 그리고 S&P500TR 지수를 활용해 커버드콜 전략을 사용하는 JEPI에 각각 30%씩 편입했다.

미국라면 ETF 주요 내용

ETF	iShares Core S&P 500	Schwab US Dividend Equity ETF	JPMorgan Equity Premium Income ETF
티커(Ticker)	IVV	SCHD	JEPI
추종지수	S&P 500 Index	DJ US Dividend 100 TR USD	S&P 500 TR
배당률(년)	1.31%	3.49%	8%
배당주기	분기	분기	매월
보수(년)	0.03%	0.06%	0.35%
설정일	2000/5/19	2011/10/20	2020/5/20
운용사	iShares	Schwab ETFs	JPMorgan

다음 그림은 위 포트폴리오 가운데 가장 늦게 상장된 JEPI를 기준으로 2023년 말까지의 포트포리오 수익률과 포트폴리오를 구성한 세 개의 ETF에 각각 100% 투자한 경우를 비교해보았다.

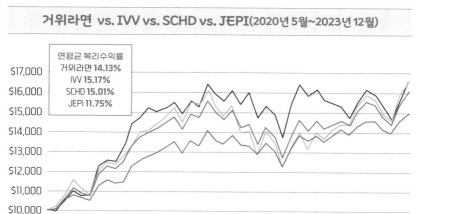

거위라면 vs. IVV vs. SCHD vs. JEPI (2020년 5월~2023년 12월)

연평균 복리수익률
거위라면 **14.13%**
IVV **15.17%**
SCHD **15.01%**
JEPI **11.75%**

거위라면 —— IVV —— SCHD —— JEPI ——

한국라면: KBSTAR 미국S&P500 40%＋ACE 미국배당다우존스 30%

＋TIGER 미국배당＋7%프리미엄다우존스 30%

한국 라면 ETF 주요 내용

ETF	KBSTAR 미국S&P500	ACE 미국배당다우존스	TIGER 미국배당+ 7%프리미엄다우존스
추종지수	S&P 500 Index	Dow Jones U.S. Dividend 100 Index (Price Return)	DowJones U.S. Dividend 100 7% Premium CoveredCall 지수 (TR)
배당률(년)	1.28%	3.5%	7%
배당주기	분기	매월	매월(마지막 영업일)
보수(년)	0.021%	0.010%	0.39%
상장일	2021/4/9	2021/10/21	2023/6/20
운용사	케이비자산운용	한국투자신탁운용	미래에셋자산운용

183

배당 목적이기 때문에 S&P500 지수를 추종하는 국내 상장 ETF 가운데 배당금을 자동 재투자하지 않고 인출해 사용할 수 있는 ETF, 그 가운데 보수가 가장 저렴한 KBSTAR 미국S&P500을 편입했다. 또한 미국의 SCHD와 비슷한 국내 ETF 가운데 상장일이 가장 오래된 ACE미국배당다우존스를 편입하고 미국의 JEPI에 대응하는 자산으로 TIGER 미국배당+7%프리미엄다우존스를 편입했다.

포트폴리오 리밸런싱

실제 인출하는 금액은 물론 변동성이 큰 커버드콜 ETF의 특성으로 인해 전체적인 포트폴리오 비중이 최초 설정 기준보다 많이 달라질 수 있다. 따라서 매 분기(3개월) 혹은 반기(6개월)마다 포트폴리오 비중을 원래대로 조정하는 것이 좋다.

기대수익률

거위라면의 과거 연평균 수익률을 산정한 기간이 채 5년이 되지 않기 때문에 보수적으로 접근해 연평균 과거 수익률인 14.13%를 30% 할인한 9.891%에서 소수점 이하를 버린 연 복리 9%를 모든 투자기간 동일하게 기대한다.

기대현금흐름

만약 배당, 즉 인출금액을 만약 원금 1억 원을 매년 5%씩 인출하면서 남은 돈을 연 9%씩 불리는 경우의 현금흐름은 다음 그림과 같다.

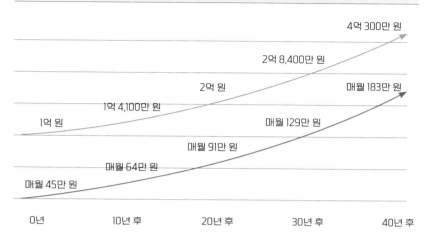

기대현금흐름 추정치(연 5% 인출 9% 증식 기준)

4억 300만 원

2억 8,400만 원

2억 원

매월 183만 원

1억 4,100만 원

1억 원

매월 129만 원

매월 91만 원

매월 64만 원

매월 45만 원

0년   10년 후   20년 후   30년 후   40년 후

추천 포트폴리오 예시 2: 배당집중전략

노후에 연금으로 사용할 수 있는 다른 자산이 없거나 있더라도 부족한 경우에 적합한 전략으로 원금 상승을 양보하는 대신 연 10% 정도의 높은 배당금을 추구한다. 따라서 필요한 만큼의 생활비를 사용하면서 원금이 줄어드는 속도를 늦추는 것을 목표로 한다. 또한 원금이 줄어든다고 생각하면 연 10%씩 인출하는 돈도 줄어들기 때문에 매년 일정 비율을 인출하기보다 일정 금액(ex. 100만 원)을 정해 인출하는 것이 좋다.

미국라면: IVV 40%+JEPI 30%+QYLD 30%

미국 라면 ETF 주요 내용

ETF	iShares Core S&P 500	JPMorgan Equity Premium Income ETF	Global X NASDAQ 100 Covered Call ETF
티커(Ticker)	IVV	JEPI	QYLD
추종지수	S&P500 Index	S&P500 TR	CBOE NASDAQ-100 BuyWrite V2 IR
배당률(년)	1.31%	8%	12%
배당주기	분기	매월	매월
보수(년)	0.03%	0.35%	0.61%
설정일	2000/5/19	2020/5/20	2013/12/12
운용사	iShares	JPMorgan	Global X Funds

 내 돈을 지키고 불리면서 배당을 받는 것이 아니라 고배당을 우선
하려면 커버드콜 ETF 비중이 높을 수밖에 없다. 따라서 내 돈의 60%
를 커버드콜 ETF에 배분하되 그것을 S&P500 지수를 기초로 하는 커
버드콜 ETF인 JEPI, 나스닥100을 기초로 커버드콜 전략을 운용하는
QYLD에 각각 30%씩 총 60%를 할당한다. 나머지 40%는 원금이 줄
어드는 속도를 조금이라도 늦추기 위해 S&P500 지수를 추종하는 ETF
인 IVV에 배분한다.

 다음 그림은 가장 늦게 상장된 JEPI를 기준으로 2023년 말까지의
배당집중 거위라면 수익률과 포트폴리오를 구성한 3개의 ETF에 각각
100% 투자한 경우를 비교해보았다.

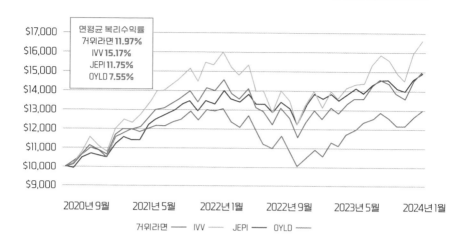

거위라면 vs. IVV vs. JEPI vs. QYLD(2020년 5월~2023년 12월)

연평균 복리수익률
거위라면 **11.97%**
IVV **15.17%**
JEPI **11.75%**
QYLD **7.55%**

거위라면 —— IVV —— JEPI —— QYLD ——

한국라면: KBSTAR 미국S&P500 40%+TIGER 미국배당+7%프리미엄다 우존스 30%+TIGER 미국나스닥100 커버드콜(합성) 30%

한국 라면 ETF 주요 내용

ETF	KBSTAR 미국S&P500	TIGER 미국배당+ 7%프리미엄다우존스	TIGER 미국나스닥100 커버드콜(합성)
추종지수	S&P500 Index	DowJones U.S. Dividend 100 7% Premium Covered Call 지수(TR)	CBOE Nasdaq-100 BuyWrite V2 지수 (Total Return)
배당률(년)	1.28%	7%	12%
배당주기	분기	매월(마지막 영업일)	매월(마지막 영업일)
보수(년)	0.021%	0.39%	0.37%
상장일	2021/4/9	2023/6/20	2022/9/22
운용사	케이비자산운용	미래에셋자산운용	미래에셋자산운용(주)

3장 입맛 따라 선택하는 봉지라면 가환대: 연금용

배당 목적이기 때문에 S&P500 지수를 추종하는 국내 상장 ETF 가운데 배당금을 자동 재투자하지 않고 인출해 사용할 수 있는 ETF를 추천한다. 그 가운데 보수가 가장 저렴한 KBSTAR 미국 S&P500를 편입했다. 또한 미국의 JEPI에 대응하는 TIGER 미국배당+7%프리미엄다우존스와 미국의 QYLD에 대응하는 TIGER 미국나스닥100커버드콜(합성)을 편입했다.

포트폴리오 리밸런싱

예시된 포트폴리오를 바탕으로 운용하면 실제 인출하는 금액은 물론 변동성이 큰 커버드콜 ETF의 특성으로 인해 전체적인 포트폴리오 비중이 달라질 수 있다. 따라서 가능하면 매 분기(3개월) 혹은 반기(6개월)마다 포트폴리오 비중을 원래대로 조정하는 것이 좋다.

기대수익률

배당에 집중하다 보니 연평균 수익률은 낮아진다. 여기에 산정대상 투자기간이 채 5년이 되지 않기 때문에 보수적으로 접근해 연평균 과거 수익률인 11.98%를 30% 할인한 8.38%에서 소수점 이하를 버린 연복리 8%를 모든 투자기간 동안 동일하게 기대한다.

기대현금흐름

만약 배당, 즉 인출금액을 만약 원금 1억 원을 매년 10%씩 인출하면서 남은 돈을 8%씩 불린다면 결과적으로는 매년 2% 정도씩 원금이

줄어들 것이다. 이것을 토대로 노후목돈의 기대현금흐름을 추정하면
다음 그림과 같다.

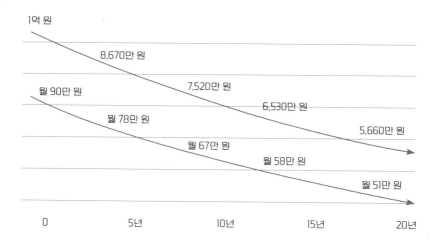

기대현금흐름 추정치(연 10% 인출 8% 증식 기준)

1억 원

8,670만 원

월 90만 원

7,520만 원

월 78만 원

6,530만 원

월 67만 원

5,660만 원

월 58만 원

월 51만 원

0   5년   10년   15년   20년

포트폴리오 예시 3: 원금보존추구 배당전략

노후의 재정 형편이 앞서 예를 든 1과 2의 중간쯤에 해당하는 경우
에 적합하다. 예컨대 여유 있는 형편은 아니지만 매년 5% 정도의 인출
금액으로 생활비를 충당하면서 원금을 가능하면 오랫동안 보존하려는
경우에 활용할 수 있다.

미국라면: TLT 30%+SCHD 40%+QYLD 30%

원금 보전을 강화할 목적으로 20년 이상의 미국 장기국채 ETF인 TLT를 30%, 배당 성장을 목적으로 SCHD에 40% 및 배당 목적의 커버드콜 ETF인 QYLD를 30% 편입했다. 다음 그림은 가장 늦게 상장된 QYLD를 기준으로 2014년부터 2023년 말까지의 포트폴리오 수익률과 각각의 ETF에 100%씩 투자한 경우를 비교해보았다.

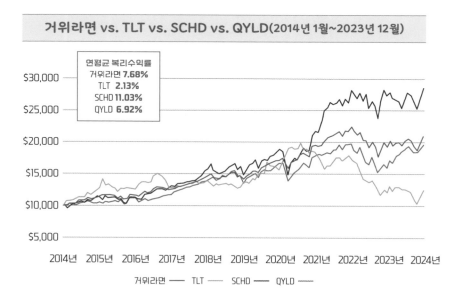

거위라면 vs. TLT vs. SCHD vs. QYLD(2014년 1월~2023년 12월)

연평균 복리수익률
거위라면 **7.68%**
TLT **2.13%**
SCHD **11.03%**
QYLD **6.92%**

거위라면 ━━ TLT ━━ SCHD ━━ QYLD ━━

인생을 바꾸는 봉지라면 재테크

한국라면: ARIRANG 미국채30년액티브 30% + ACE미국배당다우존스 40% + TIGER 미국나스닥100커버드콜(합성) 30%

TLT에 대응하는 ARIRANG 미국채30년액티브에 30%, SCHD에 대응하는 ACE 미국배당다우존스에 40% 및 QYLD에 대응하는 TIGER 미국나스닥100커버드콜(합성)을 30% 편입했다.

포트폴리오 리밸런싱

예시된 포트폴리오에는 변동성이 큰 커버드콜 ETF가 편입되어 있기 때문에 가능하면 분기(3개월) 혹은 반기(6개월)마다 포트폴리오 비중을 원래대로 조정하는 것이 좋다.

기대수익률

포트폴리오 연평균 과거 수익률인 7.68%에서 산정대상 기간이 약 10년에 가까우므로 20%를 할인한 6.14%에서 소수점 이하를 버린 연복리 6%를 모든 투자기간 동안 동일하게 기대한다.

기대현금흐름

만약 원금 1억 원을 매년 5%씩 인출하면서 남은 돈을 6%씩 불린다면 매년 1% 정도씩 원금이 증가한다. 이것을 토대로 노후 목돈의 기대현금흐름을 추정하면 다음 그림과 같다.

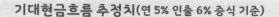

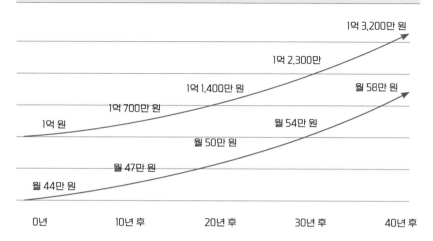

1억 3,200만 원

1억 2,300만

1억 1,400만 원   월 58만 원

1억 700만 원

1억 원   월 54만 원

월 50만 원

월 47만 원

월 44만 원

0년   10년 후   20년 후   30년 후   40년 후

인생을 바꾸는 봉지라면 재테크

AI섞어라면

기본정보 들여다보기

가끔 지인들과 저녁모임을 하다 보면 입맛이 까다로운 사람이 있다. 메뉴판을 뚫어져라 쳐다보면서도 쉽게 선택을 못 하거나 혹은 같은 음식을 시켜도 이것 빼라, 저것 넣어라 하는 사람도 있다.

독자들도 마찬가지다. 지금까지 총 13개의 레시피를 소개했지만 결정장애가 있을 수 있고 요즘 유행하는 생성형AI산업에 끌리면서도 투자안정성을 지키고 싶을 수도 있다. 그런 사람들을 위해 AI섞어라면을 준비했다. 즉 AI섞어라면은 각각의 라면에서 어딘지 모르게 아쉽다 싶은 맛을 보강하기 위해 준비한 라면이다.

예컨대 원금보존성향이 강한 투자자가 순한라면을 선택했더라도 그 가운데 일부를 매운라면 포트폴리오의 생성형AI 관련 ETF에 분산투자한다면 비록 많은 수익은 아니더라도 해당 종목의 상승 국면에서 소외되는 박탈감에서 벗어날 수 있다. 뭔가 할 말이 생기고 일상생활의 자신감을 키울 수도 있다.

그러나 생성형AI를 비롯해 미래 혁신기술과 관련된 주요 핵심기업들은 기본적으로 미국 나스닥에 상장되어 있으며 특히 미국의 거대 빅테크 기업들은 그 같은 혁신기술을 개발하고 지원하며 그들이 가진 막대한 자금을 활용해 혁신기술을 가진 신생 기업들을 M&A를 통해 사들인다. 왜냐하면 현존하는 모든 혁신기술은 빅테크 기업의 미래 성장과 직결되기 때문에 빅테크 기업들은 혁신기술의 거대 수요자인 동시에 거대 공급자이기 때문이다. 예컨대 2023년 말부터 주가가 크게 상승한 마이크로소프트의 경우 오픈AI에 발 빠르게 대응한 덕분이었다.

따라서 빅테크 기업을 포함한 주요 기술기업들의 주가지수를 한 바구니에 담아놓은 나스닥100 지수 추종 ETF에 투자하는 것 자체가 기본적으로는 혁신기술에 투자하는 것과 같다. 마찬가지로 S&P500 지수 추종 ETF에도 미국의 거대 빅테크 기업들이 포함되어 있기 때문에 나스닥100만큼은 아니더라도 일정 부분 혁신기술에 투자하는 효과가 있다. 즉 S&P500 지수 추종 ETF와 나스닥100 지수 추종 ETF가 포함된 모든 봉지라면은 기본적으로 미래 혁신기술을 담고 있다.

실제로 미국에 상장된 생성형AI 관련 ETF 가운데 가장 광범위한 투자영역을 확보하고 있는 XT는 특히 모든 투자기업이 중형 이상으로 대형과 초대형기업 비중이 50%를 넘나들 정도로 안정성을 중시하고 있다. 2024년 3월 31일 현재 총 227개 기업에 거의 동일가중평균비율로 분산 투자하고 있으며 그 가운데 상위 10위까지의 종목을 정리하면 다음과 같다. 상위 10대 종목에 일본기업이 두 개나 포함되어 있다는 사실은 AI산업이 미래선도산업으로 등장한 이후 일본경제 및 주가지수가 크게 상승한 이유를 짐작하게 한다.

XT 주요 보유 종목(2024년 3월 말 기준)

순위	종목	업종	비중
1	NVIDIA Corp	AI 분야 대표적인 반도체기업	0.90%
2	Coinbase Global Inc Ordinary Shares – Class A	블록체인 및 가상화폐	0.81%
3	Tokyo Electron Ltd	일본의 대표적인 반도체 장비회사	0.75%
4	Advanced Micro Devices Inc	AMD로 잘 알려진 반도체기업	0.74%
5	Toast Inc Class A	레스토랑 등 요식업체를 위한 클라우드 기반의 토털 디지털 플랫폼 제공	0.74%
6	Fanuc Corp	일본의 대표적인 산업용 로봇과 공작기계제조업체	0.69%
7	Okta Inc Class A	클라우드 기반 전문가용 ID 서비스 업체	0.68%
8	Palantir Technologies Inc Ordinary Shares	AI 등 빅데이터 분석 플랫폼 전문 개발업체	0.66%
9	WiseTech Global Ltd	호주의 클라우드 기반 물류IT 솔루션 회사	0.66%

195

10	Broadcom Inc	반도체회사	0.65%
	Top 10 총 비율		7.28%

또한 매운라면 시리즈가 끌리기는 하지만 혹시 크게 손해 보면 어쩌나 싶은 걱정이 든다면 배당이라는 별도의 수익을 확보할 수 있는 거위라면 포트폴리오의 고배당 ETF에 분산 투자해 일부나마 배당안정성을 확보하는 전략을 추구할 수도 있다.

따라서 AI섞어라면은 명확하게 규정하기 힘든 복잡한 투자심리가 결정을 방해하는 경우에 도움이 된다. 물론 사람에 따라 투자심리는 각양각색이지만 대체로 다음의 세 가지 유형의 투자심리를 바탕으로 AI섞어라면 포트폴리오 예시를 소개하면 다음과 같다.

생성형AI 산업 및 블록체인 관련 ETF

생성형AI 산업을 대표하는 ETF는 단연 XT다. 또한 AI에 기반한 로봇산업에 특화된 ETF인 ROBT와 IRBO, 그리고 블록체인 관련 기술 인프라를 제공하는 기업 중심의 ETF인 BLKC와 LEGR도 혁신산업을 대표하는 ETF이지만 XT와 달리 변동성이 클 수밖에 없다.

참고로 블록체인 관련 ETF는 BKCH, BLOK와 같이 채굴기업이나 거래소 등 가상화폐시장과 연관성이 큰 기업중심의 ETF와 BLKC, LEGR와 같이 블록체인 관련기술 인프라를 제공하는 기업 중심의 ETF로 나눌 수

인생을 바꾸는 봉지라면 재테크

있는데 가상화폐 대장주인 비트코인의 반감기 종료와 함께 채굴한도인 2,100만 개에 도달하면서 전자에 기반한 ETF 변동성이 더욱 커질 것으로 우려되기 때문에 가상화폐 원천기술인 블록체인 기술분야 관련 ETF에 관심을 가질 것을 권유한다.

이들 가운데 안정성 측면에서 XT(생성형AI 전반)와 ROBT(AI로봇산업특화) 및 BLKC(가상화폐 인프라산업)에 대한 대략적인 내용을 정리하면 다음과 같다.

주요 내용 비교

ETF	iShares Exponential Technologies	First Trust Nasdaq Artificial Intelligence And Robotics	Invesco Alerian Galaxy Blockchain Users and Decentralized Commerce
티커(Ticker)	XT	ROBT	BLKC
추종지수	Morningstar Exponential Tech NR	Nasdaq CTA Artificial Intelligence and Robotics IndexSM	Alerian Galaxy Global Blockchain Equity, Trusts&ETP
설정일	2015/3/19	2018/2/22	2021/10/07
보유종목수	227	121	69
보수	0.46%	0.65%	0.6%
운용사	iShares	First Trust Advisors LP	Invesco

포트폴리오 예시 1: 안정혁신형

미국라면: IVV 50%+IEF 30%+XT 20%

ETF	SPDR S&P500 Trust	iShares 7-10Y Treasury Bond ETF	iShares Exponential Technologies
티커(Ticker)	IVV	IEF	XT
추종지수	S&P500지수	ICE U.S. Treasury 7-10 Year Bond TR	Morningstar Exponential Tech NR
운용사	iShares	iShares	iShares
보수(년)	0.03%	0.15%	0.46%
설정일	2000/5/19	2002/7/22	2015/3/19

미국라면 ETF 주요 내용

안정적인 수익과 다이나믹한 투자를 원하는 사람에게 권한다. 순한 라면에 생성형AI 관련 ETF 가운데 가장 광범위한 투자영역을 확보하고 있는 ETF인 XT를 결합했다. 그러나 앞서 말했듯이 XT가 투자하는 종목, 특히 빅테크 기업 가운데 대다수가 IVV에도 포함되어 있기 때문에 IVV와 XT, 그리고 미국 중기채권 지수를 추종하는 ETF인 IEF까지 섞었다는 것은 나스닥100 지수를 추종하는 ETF, 예컨대 QQQ 100%에 비해 변동성을 크게 줄이는 정도의 성격을 가진다.

다음은 XT가 상장된 이후부터 2023년 말까지 안정혁신형 수익률과 IVV 및 XT를 비교한 그림이다.

안정혁신형 vs. IVV vs. XT(2015년 3월~2023년 12월)

연평균 복리수익률
안정혁신형 **9.37%**
IVV **12.06%**
XT **11.58%**

안정혁신형 —— IVV —— XT ——

결과적으로 IVV와 XT는 서로 비슷한 수익률 추이를 나타내는 것을
확인할 수 있다.

한국라면: KODEX 미국S&P500TR 50%+TIGER 미국채10년선물 30%+TIGER 글로벌AI액티브 20%

	한국라면 ETF 주요 내용		
ETF	KODEX 미국S&P500TR	TIGER 미국채10년선물	TIGER글로벌 AI액티브
상장일	2021/4/9	2018/8/30	2023/10/11
추종지수	S&P 500 Total Return Index	S&P 10-Year U.S. Treasury Note Futures	Index Artificial Intelligence and Big Data 지수
운용사	삼성자산운용	미래에셋자산운용	미래에셋자산운용
보수(년)	0.009%	0.29%	0.79%
환헤지	환헤지 없음	환헤지 없음	환헤지 없음

미래 혁신기술 관련 국내 ETF들은 대체로 운용기간이 매우 짧다. 2024년 6월 1일 기준으로 채 1년조차 되지 않은 경우도 많다. 또한 대부분의 ETF가 액티브형으로 상장된 것도 특징 가운데 하나다. 알다시피 액티브 ETF는 최대 30% 범위에서 운용사의 판단이 개입될 수 있다. 또한 비트코인은 물론 블록체인 관련 ETF가 없다는 것도 한계를 더한다.

이같은 형편을 감안해 순한라면을 기본으로 미국의 XT에 가장 근접한 포트폴리오를 가진 ETF로 TIGER 글로벌AI액티브를 편입했다. 해당 ETF는 상장일이 채 1년도 되지 않지만 인공지능 개발기업은 물론 반도체와 메모리, 스토리지와 양자컴퓨팅 관련 종목들까지 총 85개 기업에 투자하고 있다. 상장 초기에는 주로 하드웨어에 집중하고 적당한 시점에서 소프트웨어, 서비스 분야의 비중을 늘려간다는 전략이다.

　참고로 2024년 3월 말 기준으로, TIGER 글로벌AI액티브 외에도 HANARO 글로벌생성형AI액티브와 TIMEFOLIO 글로벌AI인공지능 액티브 등이 있다. TIGER 글로벌AI액티브와 HANARO 글로벌생성형 AI액티브가 다소 무난하게 운용되는 반면 TIMEFOLIO 글로벌AI인공 지능액티브는 AI 관련 국내 종목까지 포함해 가장 날카롭게 운용하는 듯하다. 예컨대 엔비디아, 마이크로소프트, 아마존, 구글, 테슬라 등 우 리에게 익숙한 미국의 빅테크 기업들과 함께 알리바바, TSMC 등 중국 과 대만 기업은 물론 SK하이닉스, HD현대일렉트릭, LIG넥스원 등 국 내 종목도 함께 담아 지역적인 확장을 꾀했다는 점이 특징이다. 이때 무난하다는 뜻은 기대수익률과 변동성이 상대적으로 낮다는 뜻이며 날카롭게 운용하고 있다는 뜻은 기대수익률과 변동성이 상대적으로 높다는 뜻이다.

　TIGER 글로벌AI&로보틱스 INDXX는 선진국 상장 기업 중 산업용 로봇&자동화, 무인 자동차&드론, 비산업 로보틱스, 인공지능 등의 산 업에서 발생하는 매출 비중이 전체 매출에서 50% 이상인 기업으로 구 성된 지수를 추종하는 ETF로 미국의 ROBT와 비슷하다.

ETF	TIMEFOLIO 글로벌AI인공지능액티브	TIGER 글로벌AI&로보틱스 INDXX
추종지수	Solactive Global Artificial Intelligence 지수	Indxx Global Robotics& Artificial Intelligence Thematic Index(Net Total Return)
상장일	2023/5/16	2023/8/17
운용사	타임폴리오자산운용	미래에셋자산운용
보수	0.8%	0.490%
운용규모	1,700	700

기대수익률

미국라면을 기준으로 투자기간 5년은 연평균 과거 수익률인 9.37%에서 20% 할인한 7.50%에서 소수점 이하 반올림한 연 복리 8%를 기대한다. 투자기간 10년과 20년은 10%를 할인한 8.423%에서 소수점 이하를 버린 연 복리 8%를 기대한다.

기대현금흐름

매달 적립식 또는 일시금 투자를 기준으로 기대현금흐름을 추정하면 다음 표와 같다.

기대현금흐름 추정치

기대 현금흐름	매달 100만 원			일시금 1,000만 원		
	5년(8%)	10년(8%)	20년(8%)	5년(8%)	10년(8%)	20년(8%)
원금	6,000	12,000	24,000	1,000	1,000	1,000
이자	약 1,400	약 6,420	약 35,300	약 490	약 1,220	약 3,930
합계	약 7,400	약 18,420	약 59,300	약 1,490	약 2,220	약4,930
총 수익률	약 23%	약 54%	약 147%	약 49%	약 122%	약 393%

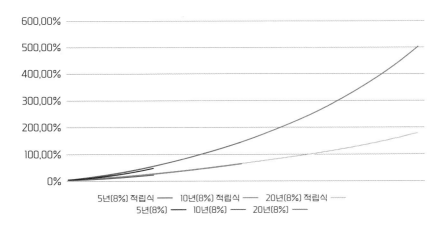

5년(8%) 적립식 —— 10년(8%) 적립식 —— 20년(8%) 적립식 ——
5년(8%) —— 10년(8%) —— 20년(8%) ——

3장 입맛 따라 선택하는 봉지라면 가환대: 연금용

포트폴리오 예시 2: 혁신액티브형

미국라면: QQQ 50%+TLT 30%+XT 20%

미국라면 ETF 주요 내용			
ETF	Invesco Nasdaq100 Trust	iShares 20+ Year Treasury Bond ETF	iShares Exponential Technologies
티커(Ticker)	QQQ	TLT	XT
추종지수	나스닥100 지수	U.S. Treasury 20+ Year Index	Morningstar Exponential Tech NR
운용사	PowerShares	iShares	iShares
보수(년)	0.2%	0.15%	0.46%
설정일	1999/3/10	2002/7/26	2015/3/19

기본라면 이상의 수익과 다이나믹한 투자를 원하는 사람에게 추천한다. 조금 순한라면에 생성형AI 관련 ETF 가운데 가장 광범위한 투자영역을 확보하고 있는 ETF인 XT를 결합했다. 그러나 XT가 투자하는 종목, 특히 빅테크 기업 가운데 대다수가 나스닥100 지수를 추종하는 ETF인 QQQ에도 포함되어 있기 때문에 QQQ와 XT, 그리고 미국 장기채권 지수를 추종하는 ETF인 TLT까지 섞었다는 것은 나스닥100 지수를 추종하는 ETF, 예컨대 QQQ 100%에 비해 변동성을 많이 줄이는 성격을 가진다.

다음은 XT가 상장된 이후부터 2023년 말까지 혁신액티브형 수익률과 QQQ 및 XT를 비교한 그림이다.

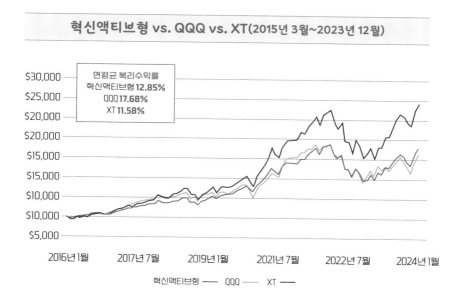

혁신액티브형 vs. QQQ vs. XT(2015년 3월~2023년 12월)

연평균 복리수익률
혁신액티브형 12.85%
QQQ 17.68%
XT 11.58%

혁신액티브형 —— QQQ —— XT ——

한국라면: KODEX 미국나스닥100TR 50%+ARIRANG 미국채30년액티브 30%+TIGER 글로벌AI액티브 20%

ETF	KODEX 미국나스닥100TR	ARIRANG 미국채30년액티브	TIGER 글로벌 AI액티브
상장일	2021/4/9	2023/8/22	2023/10/11
추종지수	NASDAQ 100 Total Return Index	Bloomberg US Treasury 20+ Year Total return Index 대비 초과성과 달성을 목표	Indxx Artificial Intelligence and Big Data 지수
운용사	삼성자산운용	한화자산운용	미래에셋자산운용
보수(년)	0.009%	0.05%	0.790%
환헤지	환헤지 없음	환헤지 없음	환헤지 없음

한국라면 ETF 주요 내용

조금 순한라면에 미국의 XT에 가장 근접한 포트폴리오를 가진 ETF로 TIGER 글로벌AI액티브를 편입했다.

기대수익률

미국라면을 기준으로 투자기간 5년은 연평균 과거 수익률인 12.85%를 20% 할인한 10.28%에서 소수점 이하 반올림한 연 복리 10%를 기대한다. 투자기간 10년과 20년은 10%를 할인한 11.565%에서 소수점 이하를 버린 연 복리 11%를 기대한다.

인생을 바꾸는 봉지라면 재테크

기대현금흐름

매달 적립식 또는 일시금 투자를 기준으로 기대현금흐름을 추정하면 다음 표와 같다.

기대현금흐름 추정치

(단위: 만 원)

기대 수익률	매달 100만 원			일시금 1,000만 원		
	5년(10%)	10년(11%)	20년(11%)	5년(10%)	10년(11%)	20년(11%)
원금	6,000	12,000	24,000	1,000	1,000	1,000
이자	약 1,810	약 9,900	약 63,360	약 650	약 1,990	약 7,940
합계	약 7,810	약 21,900	약 89,360	약 1,650	약 2,990	약 8,940
총 수익률	약 30%	약 83%	약 264%	약 65%	약 199%	약 794%

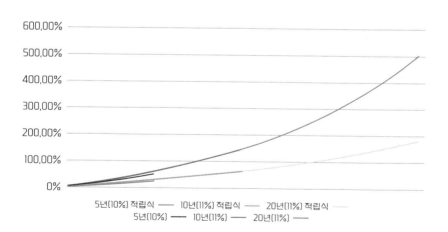

5년(10%) 적립식 —— 10년(11%) 적립식 —— 20년(11%) 적립식 ——
5년(10%) —— 10년(11%) —— 20년(11%) ——

3장 입맛 따라 선택하는 봉지라면 가환대: 연금용

포트폴리오 예시3: 배당혁신형

미국라면: IVV 40% + SCHD 40% + XT 20%

한국라면 ETF 주요 내용		
ETF	iShares Core S&P 500	Schwab US Dividend Equity ETF	iShares Exponential Technologies
티커 (Ticker)	IVV	SCHD	XT
추종지수	S&P 500 Index	DJ US Dividend 100 TR USD	Morningstar Exponential Tech NR
운용사	iShares	Schwab ETFs	iShares
보수(년)	0.03%	0.06%	0.46%
설정일	2000/5/19	2011/10/20	2015/3/19

원금 상승은 물론 배당수익도 누리면서 미래 혁신산업에 소외되고 싶지 않는 사람에게 추천한다. 배당 중심 거위라면에 생성형AI 관련 ETF 가운데 가장 광범위한 투자영역을 확보하고 있는 ETF인 XT를 결합했다. 그러나 XT가 투자하는 종목, 특히 빅테크 기업 가운데 대다수가 S&P500 지수를 추종하는 ETF인 IVV에도 포함되어 있기 때문에 IVV와 XT에 고배당 ETF인 SCHD를 섞었다는 것은 배당성장전략을 기본으로 미래 혁신산업에 조금 더 다가서는 전략이다.

다음은 XT가 상장된 이후부터 2023년 말까지 섞어라면 수익률과 SCHD 및 XT를 비교한 그림이다.

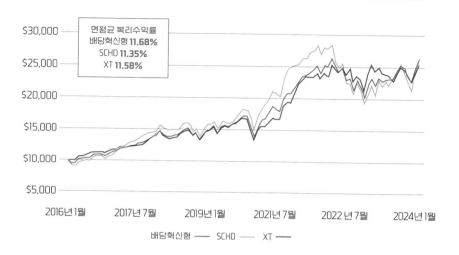

배당혁신형 vs. SCHD vs. XT(2015년 3월~2023년 12월)

연평균 복리수익률
배당혁신형 **11.68%**
SCHD **11.35%**
XT **11.58%**

배당혁신형 ⎯⎯ SCHD ⎯⎯ XT ⎯⎯

한국라면: KBSTAR 미국S&P500 50%+ACE 미국배당다우존스 30% +TIGER 글로벌AI액티브 20%

한국라면 ETF 주요 내용

ETF	KBSTAR 미국S&P500	ACE 미국배당다우존스	TIGER 글로벌 AI액티브
추종지수	S&P 500 Index	Dow Jones U.S. Dividend 100 Index (Price Return)	Indxx Artificial Intelligence and Big Data 지수
보수(년)	0.021%	0.010%	0.790%
상장일	2021/4/9	2021/10/21	2023/10/11
운용사	케이비자산운용	한국투자신탁운용	미래에셋자산운용

3장 입맛 따라 선택하는 봉지라면 가환대: 연금용

배당 중심 거위라면에 생성형AI 관련 ETF를 결합했기 때문에 S&P500 지수를 추종하는 국내 상장 ETF 가운데 배당금을 자동 재투자하지 않고 인출해 사용할 수 있는 ETF, 그 가운데 보수가 가장 저렴한 KBSTAR 미국S&P500를 편입했다. 또한 미국의 SCHD와 비슷한 국내 ETF 가운데 상장일이 가장 오래된 ACE 미국배당다우존스를 편입하고 미국의 XT에 대응하는 자산으로 TIGER 글로벌AI액티브를 편입했다.

기대수익률

미국라면을 기준으로 투자기간 5년은 연평균 과거 수익률인 11.68%에서 20% 할인한 9.344%에서 소수점 이하 반올림한 연 복리 9%를 기대한다. 투자기간 10년과 20년은 10%를 할인한 10.512%에서 소수점 이하를 버린 연 복리 10%를 기대한다.

기대현금흐름

매달 적립식 또는 일시금 투자를 기준으로 기대현금흐름을 추정하면 다음 표와 같다.

인생을 바꾸는 봉지라면 재테크

기대현금흐름 추정치

[단위: 만 원]

기대 현금흐름	매달 100만 원			일시금 1,000만 원		
	5년(9%)	10년(10%)	20년(10%)	5년(9%)	10년(10%)	20년(10%)
원금	6,000	12,000	24,000	1,000	1,000	1,000
이자	약 1,600	약 8,660	약 52,570	약 570	약 1,710	약 6,330
합계	약 7,600	약 20,660	약 76,570	약 1,570	약 2,710	약 7,330
총 수익률	약 27%	약 72%	약 219%	약 57%	약 171%	약 633%

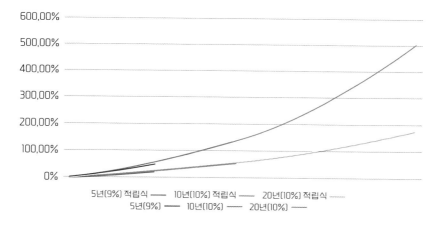

5년(9%) 적립식 —— 10년(10%) 적립식 —— 20년(10%) 적립식 ——
5년(9%) —— 10년(10%) —— 20년(10%) ——

셰프라면

기본정보 들여다보기

　하루 세끼를 내가 직접 음식 재료를 구입하고 요리하는 것과 식당 혹은 배달 음식으로 해결하는 것은 얼마나 다를까? 다른 것은 몰라도 분명 비용은 비쌀 것이다. 식당이나 배달 플랫폼을 운영하는 사람도 최소한의 인건비 이상을 벌어야 하기 때문이다. 물론 소비자 입장에서도 손해는 아니다. 간편함과 시간을 절약할 수 있고 그런 에너지를 다른 곳에 사용해 밥값 이상의 돈을 벌 수도 있다.

　셰프라면도 마찬가지다. 자신의 재무목표에 적합한 투자 포트폴리오를 정하고 하루, 이틀이 아닌 최소한 수년 이상에 걸쳐 경제와 투자시장의 변동성 및 투자심리를 관리하는 것은 생각만큼 쉽지는 않다.

인생을 바꾸는 봉지라면 재테크

물론 직접 할 수 있다면 셰프라면은 필요 없다. 지금까지 친절하게 설명해놓은 봉지라면 가운데 하나를 선택하고 잘 끓이면 된다. 그러나 자신이 없다면 셰프의 도움을 받을 수 있다. 물론 별도의 비용이 필요하다. 당신이 누군가로부터 월급을 받듯 당신을 위해 일하는 셰프도 최소한의 비용을 받아야 하기 때문이다.

셰프라면은 투자 전문가가 고객의 니즈에 맞는 포트폴리오를 추천하고 해당 포트폴리오의 기대수익률을 목표로 시장변화에 대응하는 적절한 포트폴리오와 리밸런싱을 통해 시장변동성을 줄이면서 고객의 투자심리를 안정적으로 관리해 최종적인 투자목표가 달성될 수 있도록 돕는다.

"구더기 무서워 장 못 담근다."라는 속담이 있듯 돈은 불리고 싶은데 스스로 하기엔 자신이 없고 전문기관의 도움을 받으면 비용이 아까워 이것도 저것도 못 하는 사람들도 있다. 그러나 비용보다 중요한 것은 내 돈을 그 이상으로 불리는 것이며 재테크로 인한 시간과 에너지를 줄여 본질적인 소득활동에 집중하는 효과도 있다.

재테크를 하면서 비용을 줄이기 원한다면 먼저 각종 금융상품이나 ISA, 연금저축, IRP, 퇴직연금 등을 어떻게 활용하는 것이 유익한지 판단하고 그것들에서 어떤 비용이 발생하며 어떻게 줄일 수 있는지 찾는 것이 좋다. 예컨대 각종 펀드의 경우 온라인이나 인터넷으로 가입하는 것과 그렇지 않은 경우는 수수료와 보수에서 차이가 나고 선취수수료 또는 후취수수료에 따라서도 차이가 있다. IRP의 경우에도 가만히 있어도 계좌수수료가 발생하는 것과 다이렉트IRP처럼 아예 없는 것도 있다.

　또한 해마다 12월이면 연말소득(또는 세액)공제를 받기 위해 연금저축이나 IRP에 1년치 한도를 한꺼번에 투자하는 경우도 많은데 투자나 세금 측면에서 정말 유리한지도 생각해봐야 한다. 은퇴를 위한 연금상품은 보험이 좋은지 아니면 연금저축이나 IRP 등 투자상품이 좋은지, 만약 변액연금보험을 선택한다면 펀드 관리는 어떻게 하는 것이 좋을지, 투자상품을 선택한다면 어떤 포트폴리오로 구성하면 좋을지, 변액연금보험이든 투자상품 혹은 각종 제도성 연금계좌의 경우 투자기간 동안 경제 및 투자시장의 변화에 따른 펀드 변경이나 포트폴리오 관리를 어떻게 하면 좋을지, 오래된 연금보험이나 금융상품이 수익이 나지 않는다면 어떻게 하면 좋을지, 연금 개시가 임박했는데 어떤 방식으로 받는 것이 좋을지, 만능통장으로 알려진 ISA(개인종합 자산관리계좌)는 어떻게 활용하면 좋을지, 지금 가진 목돈을 불리거나 혹은 평생연금처럼 사용하려면 어떻게 하면 좋을지, 당장 목돈은 없지만 앞으로 목돈을 만들려면 어떻게 해야 할지 등에 더 많은 관심을 가지는 것이 좋다. 사실 이 모든 것이 셰프라면에서 도움받을 수 있는 것이기도 하다.

　그래서 지금까지 소개한 총 16개에 달하는 레시피를 이해했지만, 다소의 결정장애가 있어 선택에 어려움을 겪는 사람 혹은 입맛에 맞는 봉지라면을 선택했더라도 투자시장의 변동성으로 인한 투자의 실행과 지속성에 자신감이 부족한 사람들은 셰프라면에 관심을 가지면 좋다.

셰프라면을 찾는 사람들의 세 가지 이유

그렇다면 구체적으로 어떤 사람들이 셰프라면을 이용할까? 세 가지로 정리하면 다음과 같다.

첫째는 포트폴리오, 즉 현재의 재정 형편 및 향후 현금흐름을 토대로 자신의 재무목표에 적합한 라면을 선택하기 위해 전문적인 조언이 필요할 수 있다. 자칫 트렌드를 좇아 자신에게 적합하지 않은 포트폴리오를 선택하거나 또는 당장 의욕만 앞서 앞으로의 현금흐름에 맞지 않는 포트폴리오를 선택해 낭패를 겪는 사람들도 많다.

둘째는 고객의 투자심리 때문이다. 예컨대 기본라면인 S&P500 지수를 추종하는 ETF를 매달 지속적으로 매수하는 것조차 어려움을 호소하는 사람들이 많다. ETF 투자는 마치 보험처럼 지정일 자동이체를 통해 투자되는 공모펀드와 달리 주식처럼 투자자가 직접 주문을 넣거나 매수해야 하는데 그때마다 갈등에 시달릴 수 있기 때문이다.

예컨대 매수 예정일에 투자시장이 불안정하면 오늘 투자하는 것이 좋을지 내일로 미루는 것이 좋을지 갈등하다가 투자를 못 하거나 조금이라도 싼 가격에 매수하려고 시세보다 낮은 지정가에 주문을 넣었는데 기대와는 달리 오히려 가격이 올라 아쉬운 마음에 매수를 미루기도 한다. 그 같은 갈등을 한두 번도 아니고 수년을 지속해야 한다면 자칫 냄비에 물만 담아놓고 정작 라면은 끓이지 못할 수도 있다.

실제로 주변을 돌아보면 무엇인가 열심히 알아보긴 하는데 막상 아무것도 하지 않는 사람들이 많다. 필자가 고객들로부터 가장 많이 받

215

는 질문 가운데 첫 번째가 "지금 투자해도 될까요?"인 이유도 그 때문이다. 셰프라면은 고객의 고민을 대신하면서 투자가 지속될 수 있도록 돕는다.

마지막 세 번째는 투자시장의 변동성 관리 때문이다. 고객은 자신이 선택한 포트폴리오의 최종 목표인 기대수익을 얻기까지 필요한 투자기간을 채워야 한다. 그러나 쉴 새 없이 변하는 경제 및 투자시장의 변동성은 그 시간을 채우는 것을 끊임없이 방해한다. 필자가 고객들로부터 가장 많이 받는 질문 가운데 두 번째가 "계속 투자해도 될까요?"인 이유도 그 때문이다.

따라서 셰프라면 조리사의 업무 가운데 하나는 고객들의 투자심리를 안정적으로 관리하는 것이다. 구체적으로는 시장변화를 분석하고 적절한 리밸런싱을 통해 시장변동성을 관리하면서 고객들의 투자심리를 안정적으로 유지하고 포트폴리오의 기대수익이 달성될 수 있도록 돕는다.

셰프라면 조리사는 누구일까?

셰프라면 조리사는 퍼스널쇼핑, 즉 고객의 직업이나 나이, 체형, 재정 형편, 이미지 등을 종합적으로 파악해 가장 적합한 옷과 액세서리 등을 추천하거나 저렴한 가격으로 구매를 대행하는 퍼스널쇼퍼(Personal Shopper)와 같다.

일반적으로 금융업은 증권회사나 은행, 보험회사와 같은 금융(상품)판매업과 펀드나 ETF 등을 만들고 운용하는 자산운용업, 마지막으로 금융(투자)상품 구매에 관한 자문을 제공하는 투자자문업으로 구분한다.

이것을 퍼스널쇼핑과 비교해보면 옷이나 각종 액세서리를 만드는 공장은 자산운용업, 그렇게 만들어진 상품을 파는 백화점은 금융(상품)판매업, 고객에게 가장 적합한 옷과 액세서리 등을 추천하는 퍼스널쇼퍼는 투자자문업에 해당된다. 미국이나 유럽 등 금융선진국의 경우에는 투자자문서비스가 보편화되어 있는 반면 한국의 금융시장은 서비스 문화에 대한 인식 차이 때문에 아직도 금융(상품)판매업에 치중되어 있는 현실이다.

참고로 투자자문회사는 고객자산에 대한 자문서비스만 제공할 뿐 자금을 수탁할 권한은 없기 때문에 고객은 자문서비스 협약을 맺은 증권회사 등에 자문계좌를 개설하고 투자금을 예탁한다. 따라서 만약 자문회사가 폐업하더라도 고객자산은 아무런 영향이 없다. 결과적으로 자문회사의 고객은 동시에 해당 증권회사의 고객이 되어 투자금 수탁 및 관리와 자문서비스를 분리해 제공받는다.

다만 투자자문업은 불특정 투자자에게 인터넷·ARS·간행물 등을 통해 일정한 대가를 받고 투자 관련 정보 및 조언을 제공하는 유사투자자문업과는 구별된다. 넓게 보면 유사투자자문업도 투자자문의 성격이 있으나 퍼스널쇼퍼처럼 고객과 1:1로 투자자문을 할 수 없기 때문에 투자자문회사와는 크게 다르다. 그뿐만 아니라 투자자문회사는 자본금, 운용전문인력 등 법적요건을 갖추고 금융감독위원회의 인가를 거쳐 등록해야 하는 반면 유사투자자문업자는 금융감독위원회에 일정한 서식에 따른 신고만으로 영업이 가능하다. 또한 투자자문업은 법인 형태로만 가능하지만 유사투자자문업은 법인은 물론 개인도 언제든 영업할 수 있다.

따라서 제도권 금융기관인 투자자문회사는 금융감독원의 감독과 검사를 받아야 하고 정기적으로 회사가 운영하는 홈페이지 등에 경영에 관한 주요 내용을 공시할 의무가 있지만 유사투자자문업자는 금융감독원의 검사대상 금융기관이 아니기 때문에 아무런 의무가 없다는 점도 큰 차이가 있다. 가끔 불미스러운 일로 유사투자자문업자들이 언론에 오르내릴 때마다 유사투자자문회사가 아닌 '○○투자자문회사'로 표기해 혼동을 일으키는 경우가 많기 때문에 금융감독원 홈페이지 등을 통해 정식 투자자문회사인지 아닌지를 미리 확인해보는 것이 좋다.

셰프라면 사례

셰프라면의 목적은 고객의 인생에 필요한 기대수익률을 목표로 시장변화에 대응하는 적절한 포트폴리오를 구성하고 정기·비정기적 리밸런싱을 통해 고객의 투자심리를 안정적으로 관리하면서 최종적인 투자목표가 달성될 수 있도록 하는 것이다.

셰프라면의 구체적인 사례는 투자자문회사들이 실제 자문관리하는

인생을 바꾸는 봉지라면 재테크

투자상품들을 구체적으로 확인해봐야 하지만 다른 회사들의 형편까지 알 수 없기 때문에 필자가 대표로 있는 (주)바인투자자문의 주요 사례를 소개하는 것으로 대신한다.

1. 적금식 ETF 포트폴리오

개요: 기본라면인 S&P500 지수 ETF를 포함해 다양한 글로벌지수를 추종하는 ETF 포트폴리오에 매달 적립식으로 일정금액 이상을 분산투자하는 상품으로 S&P500 지수의 지난 20년 동안의 수익률을 추종하면서 매월 추가매수 및 간헐적 리밸런싱을 통해 경제 및 투자시장의 변동성에 대응하고 가입자들의 투자심리를 안정적으로 관리해 그들의 재무목표가 달성될 수 있도록 돕는다.

연관라면: 기본라면, 수제라면, 매운라면 시리즈, AI섞어라면(안정혁신형)

2. 올바인(All Vine)

개요: 투자시장의 어떤 변동성에도 크게 흔들리지 않고 일정한 수익을 추구하는 투자전략을 바탕으로 포트폴리오를 구성한다. 목돈을 활용해 은행이자 이상의 수익을 원하지만 변동성을 두려워하는 투자자에게 적합하다.

연관라면: 순한라면

3. 에그팩토리(Agg Factory)

개요: 불리면서 평생 쓰는 연금자산 인출전략을 바탕으로 노후목돈을 매달 연금형식으로 받으면서 안정적으로 운용하기를 원하는 은퇴자들을 위해 만들어졌다. 경제 및 투자시장의 변동성을 간헐적 리밸런싱을 통해 관리하면서 안정적인 배당과 기대수익률을 달성하는 것을 목표로 한다.

연관라면: 거위라면, 순한라면 시리즈, AI섞어라면(배당혁신형)

4. PGA 바인

개요: 연금저축이나 IRP, 퇴직연금 DC형 등 주로 제도성 계좌관리를 목적으로 만들어졌다. 일반적인 적립식 투자를 통한 목돈 활용에도 활용할 수 있다.

연관라면: 기본라면, 순한라면 시리즈, 매운라면 시리즈

5. 바인 액티브 알파

개요: 매월 적립식 ETF 포트폴리오, PGA 바인 등에서 기대하는 수익을 초과하는 것을 목표로 운용한다.

연관라면: 기본라면, 수제라면, 매운라면 시리즈, AI섞어라면(혁신액티브)

6. 하이일드 익스트림(Highyield Extreme)

개요: 재정적으로 충분한 여유가 있거나 매년 부담하는 고율의 종합소득세 때문에 스트레스가 많은 사람을 위해 미국의 레버리지 ETF 투자를 통해 시장수익률을 크게 상회하는 기대수익률과 절세전략을 동시에 추구할 수 있도록 만들어졌다.

연관라면: 마라탕라면

ISA(개인종합자산관리계좌), 연금저축, IRP(개인퇴직연금계좌)는 물론 퇴직연금 DC형에 이르기까지 각종 절세와 은퇴 후 연금을 위해 제도성 계좌에 가입한 경우가 많다. 그러나 절세 또는 비과세보다 중요한 것은 수익이다. 수익이 없다면 절세도 비과세도 소용이 없기 때문이다. 봉지라면을 잘 활용하면 절세효과를 누리면서 동시에 수익도 높일 수 있다.

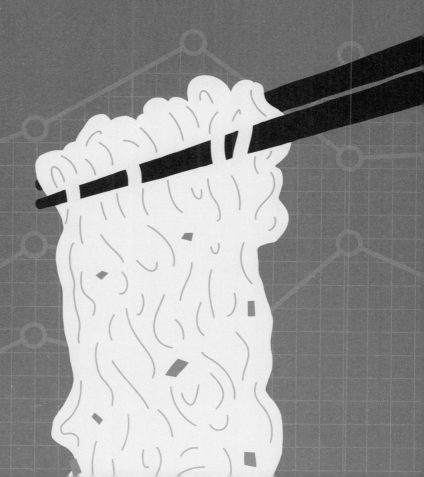

PART 4

앞에서 벌고 뒤에서 남는
봉지라면 절세전략

봉지라면과 제도성 계좌

봉지라면 재테크는 특히 절세나 노후 연금을 위한 각종 제도성 계좌, 예컨대 연금저축펀드나 IRP 및 퇴직연금 DC형, 그리고 개인종합자산관리계좌인 ISA를 활용할 때 더욱 빛을 발한다. 아무리 절세효과가 탁월하더라도 수익이 없거나 심지어 손해를 보고 있다면 아무 소용이 없기 때문이다. 이때 투자기간 및 투자성향에 따라 선택 가능한 다양한 봉지라면 포트폴리오는 큰 도움이 된다.

특히 금리연동형 연금 관련 상품에 가입하고 있다면 심각하게 생각해보는 것이 좋다. 왜냐하면 금리라는 것은 절대 돈의 가치 하락, 즉 물가인상률 이상으로 주지 않기 때문에 연금과 같은 초장기 상품에서 금리에 연동하는 상품들의 실질수익은 돈의 가치 하락을 이길 수 없기 때문이다.

그렇다면 각각의 제도성 계좌에서 봉지라면을 어떻게 활용하면 좋을까? 각 계좌의 성격에 따라 다음과 같은 차이가 있다.

제도성 계좌 성격 비교

금융상품	연금저축(펀드)	IRP(퇴직연금 DC형)	ISA(중개형)
원리금보장상품	불가능	가능	가능
각종 펀드, ETF	가능	가능	가능
파생형 ETF	가능	불가능	가능
레버리지/인버스 ETF	불가능	불가능	-
상장인프라펀드, 부동산 리츠	연금저축펀드만 가능	가능	가능
개별 종목 투자	불가능	불가능	가능
위험자산투자비중	제한 없음	최대 70% 이내	제한 없음

참고: 1. 증권회사에서 개설한 연금저축계좌의 경우에는 리츠 투자 가능

2. ISA의 경우 신탁형 및 일임형과의 비교는 ISA편에서 구체적으로 설명

3. ISA의 레버리지 상품 투자는 금융투자교육원에서 관련 교육 이수 후 가능

위 분류 기준에서처럼 모든 제도성 계좌에서 봉지라면을 활용할 수 있지만 파생형 ETF는 연금저축과 ISA(중개형)에서만 활용할 수 있고 각종 레버리지 혹은 인버스 ETF 및 개별 종목 투자는 ISA에서만 가능하다. 또한 '맥쿼리인프라'와 같은 상장인프라펀드와 각종 부동산

리츠(Rits) 상품은 연금저축계좌에서 활용할 수 없다(증권회사 계좌는 제외).

특히 절세혜택을 받는 모든 제도성 계좌는 미국 주식을 비롯, 해외 주식 및 ETF에 직접 투자할 수 없다. 즉 미국라면은 투자할 수 없다. 왜냐하면 세금혜택을 받기 때문에 자금의 해외유출을 금지하기 때문이다. 대신 한국라면, 즉 한국에 상장된 해외 ETF나 펀드를 통한 간접 투자를 할 수 있다. 특히 높은 배당을 앞세우는 커버드콜 ETF(거위라면)에 투자할 수 있다는 것도 장점이다.

참고로 모든 제도성 계좌와 관련된 정책은 언제든 바뀔 수 있는데 그때마다 바인투자자문 홈페이지를 통해 관련된 정보를 제공할 예정이다.

그렇다면 봉지라면은 각종 제도성 계좌에서 어떻게 활용하면 좋을까? 가장 활용도가 높은 계좌는 ISA다.

일반적으로 ISA는 '절세 끝판왕'으로 알려져 있지만 사실은 절세형 투자통장에 가깝다. 특히 주식 등 유가증권 투자이익에 대한 소득세가 부과되는 금융투자소득세법이 시행되면 ISA 활용도가 높아질 수밖에 없다. 수익에 대한 기본적인 절세는 물론 손익통산, 즉 투자이익은 물론 손실까지 합산해 최종 수익을 결정하는 방식 때문이다. 따라서 ISA가 절세통장이기 이전에 투자통장에 가깝다면 이익을 내는 것이 중요하다. 그때 봉지라면 재테크를 활용하면 많은 도움이 된다.

두 번째는 연금저축펀드계좌가 유리하다. 개인형퇴직연금계좌(IRP)와 퇴직연금 DC형의 경우 총투자금의 30%를 안전자산으로 편입해야 하지만 연금저축펀드계좌는 100% 전부를 투자형 자산으로 운용할 수 있기 때문이다.

세 번째는 IRP와 퇴직연금 DC형에서 활용할 수 있다. 비록 총투자금의 30%를 안전자산으로 편입해야 하는 한계는 있지만 제한된 투자자산 범위에서 가능하면 쉽고 단순하게 돈을 불리는 것이 중요하기 때문이다. 특히 거위라면의 커버드콜 월 배당 ETF는 안전자산으로 분류되기 때문에 퇴직연금 DC형과 IRP에서 활용도를 높일 수 있다

인생을 바꾸는 봉지라면 재테크

봉지라면이 절세전략을 만나면?

투자에서 세금은 무시할 수 없다. 봉지라면 재테크에서도 마찬가지다. 그렇지만 세금보다 중요한 것은 수익이라는 사실을 꼭 기억할 필요가 있다. 예컨대 연 3% 정도의 수익이 기대되는 상품에 가입하고 비과세혜택을 얻는 것보다 연 8% 이상의 수익이 기대되는 상품에 투자하고 세금을 내는 것이 훨씬 이익이다. 따라서 세금에 대한 기본적인 지식은 갖추되 그것에 앞서 기대수익부터 따져봐야 하고 그런 다음 적절한 절세전략을 찾는 것이 좋다.

봉지라면에 활용할 수 있는 대부분의 ETF는 절세전략과 환상적인 궁합을 이룬다. 지금부터 한번 알아보자.

미국라면의 경우

미국 ETF에 직접 투자하는 미국라면은 각종 제도성 계좌의 투자대상은 아니다. 그러나 미국 ETF 투자와 관련된 세금을 이해하는 것은 한국라면을 포함한 각종 제도성 계좌와의 비교를 위해 중요하다.

미국 주식 또는 미국 ETF에 직접 투자하는 경우 수익에 대한 세금은 크게 두 종류다.

하나는 양도소득세다. 1년 동안 발생한 매매차익의 22%(양도소득세 20%+지방소득세 2%(양도소득세의 10%))가 분리과세된다. 분리과세된다는 것은 투자자의 다른 소득(사업소득, 근로소득, 금융소득, 기타소득을 포함한 모든 소득)과 합산해 종합적으로 과세되는 것이 아니라 그것으로 끝난다는 뜻이다. 그래서 특히 고소득자와 금융소득종합세 과세대상자에게 유리하다.

실제 매도 후 실현된 수익이 과세대상이며, 1년 동안 발생한 매매이익과 손실을 합산해 과세한다. 예컨대 두 개의 ETF에서 각각 2천만 원의 이익과 1천만 원의 손실을 봤을 때, 양도소득세 대상금액은 2천만 원이 아니라 손실을 공제한 합산이익 1천만 원이 된다. 따라서 수익이 발생한 종목뿐만 아니라 손실이 발생한 종목을 함께 매도하는 것도 절세에 도움이 된다.

매매차익에 대한 양도소득세는 연간 250만 원의 기본공제(비과세)가 있다는 것을 잘 활용하면 좋다. 기본공제 250만 원은 생각보다 큰 혜택이다. 투자원금이 1년 합산 1천만 원이라면 무려 25% 수익에 해당

인생을 바꾸는 봉지라면 재테크

되기 때문이다. 투자원금이 2천만 원이라면 12.5%, 3천만 원이라면 약 8%를 조금 넘는 수익이다. 그만큼을 비과세한다는 뜻이니 결코 작은 혜택이 아니다. 앞선 사례의 경우 결과적으로 165만 원{(1,000만 원－250만 원)×22%}의 양도소득세가 산출된다.

또한 양도소득세와 기본공제금은 1년 단위로 계산하기 때문에 직전 연도에 손실을 입었더라도 감안되지 않는다는 점도 참고해야 한다. 따라서 수익이 발생한 ETF의 경우 매년 미국 주식시장이 종료되기 사흘 전까지 수익금을 250만 원 범위에서 매도하고 새해 미국 주식시장이 개장되는 첫날 그만큼을 다시 매수하는 방법도 있다. 다만 매도와 매수 사이의 가격 변동을 감안할 필요는 있다. 따라서 매년 연말이 되면 전체적인 투자수익과 양도소득세를 예상해 적절한 매수·매도 전략을 취하는 것도 도움이 될 수 있다.

특히 양도소득세는 매수 시점의 환율과 매도 시점의 환율 변화에 따른 환차익(또는 환차손)이 반영된다는 것도 알아두면 좋다. 예컨대 투자자산에 대한 수익이 없거나 심지어 손실이 발생했어도 환율(달러)이 상승해 수익이 생길 수 있다. 다만 매도 이후 인출(환전) 시점까지의 환율 변화는 양도소득세와 상관이 없다. 이것은 단순 환전 시 세금이 없는 것과 같다.

미국 주식 및 ETF 양도소득세 신고 및 납부는 매년 5월 종합소득세 신고일에 직접 할 수도 있지만 해당 증권회사에서 제공하는 양도소득세 신고대행서비스를 이용하면 편리하다.

다음으로는 배당소득세다. 투자자가 보유한 미국 주식이나 ETF에서 발생한 배당금에 대해 15%의 배당소득세가 원천징수된 후 지급된다. ETF에서 발생하는 배당금의 경우 정확하게는 분배금이지만 배당금으로 생각해도 차이는 없다. 이후 한국 국세청에서 배당소득세 15.4%(배당소득세 14%+지방소득세 1.4%(배당소득세의 19%))를 기준으로 부족한 금액을 추가징수한다. 물론 배당금이 없다면 세금도 없다.

배당금은 대부분 현금(달러)으로 지급하지만 간혹 주식(또는 ETF)으로 지급하는 경우도 있는데 이때는 원천징수 없이 배당받은 주식(또는 ETF)이 계좌에 들어온 다음 15.4%의 배당소득세가 인출된다. 배당받은 주식(또는 ETF)의 취득가액은 소득세법 시행령에 따라 발행가액이 적용된다. 또한 양도소득세와 마찬가지로 배당금 역시 배당 시점의 환율이 적용된다는 것도 알아두면 좋다.

더불어 배당소득세는 양도소득세와 달리 분리과세로 끝나는 것이 아니라 국내외의 다른 금융소득(이자+배당)과 합해 연간 2천만 원을 초과하면 금융소득종합세 과세대상자가 된다는 것도 감안해야 한다.

한국라면의 경우

국내에 상장된 해외 지수 추종 ETF에 투자하는 한국라면의 경우 두 가지 종류의 세금이 부과된다.

먼저 투자수익에 부과되는 세금이다. 주식 등 유가증권 투자수익에 대한 소득세가 부과되는 금융투자소득세법이 시행되기 전까지는 국내 주식이나 ETF의 경우 일부 대주주를 제외하면 투자수익에 대한 세금이 없지만 해외 지수를 추종하는 국내 상장 ETF는 매매차익의 15.4%를 양도소득세가 아닌 배당소득세로 분류해 과세한다. 이것은 해외 지수 추종 ETF를 해외 펀드와 같은 해외 상품으로 간주하기 때문이다.

물론 미국 주식시장에서 달러로 투자하는 미국 ETF의 매매차익에 부과하는 양도소득세 22%에 비하면 유리하지만 미국 주식과 ETF의 경우 연간 250만 원의 기본공제(비과세)가 있는 반면 해외 지수 추종 국내 상장 ETF 매매차익에 대한 공제는 없다.

또한 매매차익은 미국라면과 마찬가지로 1년 동안 실제 매도 후 실현된 수익을 대상으로 하며 직전 연도에 손실을 입었더라도 감안되지 않지만 미국과 달리 수익과 손실을 합산하지 않는다는 점이 다르다. 예컨대 두 개의 ETF에서 각각 2천만 원의 수익과 1천만 원의 손실을 봤을 때, 배당소득세 대상금액은 수익이 발생한 2천만 원이다.

다음으로는 배당소득세다. 국내 주식이나 ETF와 마찬가지로 국내 상장 해외 지수 추종 ETF에서 지급받은 배당금에 대해 15.4%(배당소득세 14%+지방소득세 1.4%(배당소득세의 10%))의 배당소득세가 원천징수된다. 물론 배당금이 없다면 세금도 없다.

배당금은 대부분 현금으로 지급되지만 간혹 주식(또는 ETF)으로 지급하는 경우도 있는데 이때는 원천징수 없이 배당받은 주식(또는 ETF)이 계좌에 들어온 다음 15.4%의 배당소득세가 인출된다. 배당받은 주식(또는 ETF)의 취득가액은 소득세법 시행령에 따라 발행가액이 적용된다.

결과적으로 한국라면, 즉 해외 지수 추종 국내 상장 ETF는 매매차익은 물론 배당금까지 모두 배당소득세로 과세되기 때문에 국내외의 다른 금융소득(이자+배당)과 합해 연간 2천만 원을 초과하면 금융소득종합세 과세대상자가 된다.

참고로 배당금이 자동 재투자되는 토털리턴(TR) ETF의 경우에는 매년 배당소득세가 부과되는 것이 아니라 향후 매도 시점에서 부과되기 때문에 금융소득종합과세 대상자는 물론 과세이연 및 복리효과로 장기투자자에게 유리하다.

봉지라면이 ISA를 만나면?

ISA, 분명 절세 끝판왕이다. 혜택이 너무 많다. 관련 법률이 개정되면 혜택은 더 확대될 것이다. 그래서 주변에 ISA에 가입했다는 사람들도 많다. 그런데 아이러니한 것은 ISA에서 돈 벌었다는 사람들은 많지 않다. 물론 원금보장이 되는 예·적금만 이용해도 3년 유지조건 최대 200만 원의 세금을 아낄 수 있으니 좋다. 그런데 매년 납입한도 2천만원, 3년 총액 6천만 원으로 예·적금만 이용한다면 아낄 수 있는 세금은 채 100만 원도 되지 않는다.

따라서 ISA의 절세효과를 제대로 누리려면 주식이든 펀드 또는 ETF와 같은 투자상품을 담을 수 있어야 한다. 더구나 아래에서 설명할 손익통산까지 적용되기 때문에 효과는 더욱 배가된다. 심지어 레버리지 ETF는 물론 고배당 상품인 커버드콜 ETF도 담을 수 있다. 문제는 수

235

익이다. 즉 수익이 없다면 절세 또한 의미가 없다. 이때 쉽고 간단한 봉지라면을 활용하면 도움이 된다. 우선 ISA에 대한 기본적인 내용부터 정리하면 다음과 같다.

ISA(Individual Savings Account, 개인종합자산관리계좌)는 직전 3년 내 금융소득종합세 과세대상자가 아니라면 소득과 상관없이 19세 이상의 대한민국 거주자인 경우 누구나 가입할 수 있다. 특히 직전 연도 소득이 있다면 15세부터도 가입할 수 있다. 다음과 같은 세 가지 종류가 있고 각각의 종류마다 투자 가능 상품 및 운용방법이 다르다.

ISA 종류		
중개형	신탁형	일임형
국내 각종 예·적금 상장 주식 주식형 펀드 및 ETF, 리츠 ELS/ETN/RP 파생결합증권/사채 등	각종 예·적금 주식형 펀드 및 ETF, 리츠 ELS/ETN/RP 파생결합증권/사채 등	증권회사에 운용을 일임

중개형과 신탁형은 투자자가 투자상품에 대한 포트폴리오를 직접 선택할 수 있지만 일임형은 투자상품에 대한 포트폴리오 구성 및 운용을 증권회사에 일임, 즉 맡기는 것이다. 중개형의 경우 별도의 계좌 수수료가 없지만 신탁형과 일임형은 증권회사마다 별도의 계좌 수수료가 있기 때문에 확인이 필요하다. 또한 직전 연도 소득 및 거주지에 따라 다음과 같은 세 가지 유형을 선택할 수 있다.

ISA 유형

구분	일반형	서민형	농어민
가입요건	일반적인 요건	직전 연도 총급여 5천만 원 이하 또는 종합소득 3,800만 원 이하	농어촌 거주자로 직전 연도 종합소득 3,800만 원 이하
비과세한도	200만 원	400만 원	
비과세한도 초과 시	9.9% 분리과세		
의무가입기간	3년		
납입한도	연간 2천만 원(최대 1억 원) 당해 미불입 납입한도금액은 다음 연도로 이월 가능		
중도인출	총 납입원금 내에서 횟수 제한 없이 가능 단, 인출금액만큼 납입한도가 복원되지 않음		

ISA의 절세효과는 다음의 세 가지로 구분할 수 있다.

첫째는 수익에 대한 비과세는 물론 비과세한도를 초과한 수익에 대해서는 9.9% 저율의 분리과세가 적용된다는 점이다. 이것은 각종 배당소득 및 이자소득에 대한 일반적인 세율인 15.4%에 비교하면 큰 혜택이다.

둘째는 이익금에 대한 기준이 개별 상품에 국한하지 않고 ISA 내 모든 상품에 대한 수익과 손실을 통산해 적용한다는 점이다. 손익통산 기준은 다음과 같다.

ISA 손익통산 기준

구분	손익통산 적용	참고
국내 주식 및 주식형 펀드와 ETF	적용 안 됨	주식투자 손실은 포함
국내 주식형을 제외한 각종 펀드 및 ETF	적용	
국내 상장 해외 펀드 및 ETF	적용	
개별채권	적용 안 됨	이자는 포함
이자 및 배당소득	적용	

예컨대 최소 의무가입기간인 3년 동안 ISA에서 투자한 상품 가운데
다음과 같은 결과가 발생했다고 가정해보자.

구분	손익결과	손익통산적용	손익통산결과
국내 주식 A	-200만 원	적용	-200만 원
국내 주식 B	+300만 원	적용 안 됨	
국내 주식형 펀드	+200만 원	적용 안 됨	
국내 주식형 ETF	-100만 원	적용 안 됨	
국내 채권형 펀드	+200만 원	적용	+200만 원
국내 상장 해외 ETF	+400만 원	적용	+400만 원
개별채권	+200만 원	적용 안 됨	
이자 또는 배당	+100만 원	적용	+100만 원
과세대상 손익	+900만 원		+500만 원

만약 투자자가 위 투자상품을 일반계좌에서 거래했을 경우의 과세대상 소득은 국내 채권형 펀드와 국내 상장 해외 ETF 및 개별채권에서 발생한 매매수익과 각종 투자상품에서 발생한 이자소득 및 배당소득의 합계인 900만 원이다. 그러나 ISA에서 투자했다면 손익통산을 적용해 500만 원에 불과하다. 참고로 국내 주식 및 주식형 펀드 매매수익은 금융투자소득세법이 시행되기 전까지는 일반계좌에서도 과세대상은 아니다. 특히 일반계좌에서 과세대상이 아닌 국내 주식의 경우 손실에 대해서는 손익통산에 포함시켜 상계처리를 해준다는 것도 큰 장점이다.

결과적으로 ISA에서 부담하는 세금은 총 수익금 500만 원 가운데 비과세 200만 원(일반형) 또는 400만 원(서민형 또는 농어민)을 제외한 각각 300만 원 또는 100만 원에 불과하며 비과세 초과액에 대한 세금도 9.9%의 저율 분리과세로 종료된다.

마지막 세 번째는 ISA에서 만기된 금액을 연금저축펀드나 IRP로 이전할 때 적용받는 절세혜택이다. ISA 개설 후 의무가입기간 3년을 채운 다음 그때까지 납입된 원금과 이자를 연금저축펀드나 IRP로 이전할 수 있는데 이때 네 가지 혜택을 누릴 수 있다.

하나, 연간납입한도 1,800만 원에서 제외된다. 즉 연금저축펀드나 IRP는 합산해 연간 1,800만 원까지 납입할 수 있지만 ISA에서 만기된 금액을 이전하는 경우에는 연간납입한도에서 제외된다.

둘, ISA에서 연금저축펀드나 IRP로 이전하는 금액의 10%, 최대 300만 원까지 추가세액공제를 받을 수 있다. 물론 최대 300만 원이 전액 비과세되는 것은 아니다. 연간소득에 따라 총급여 5,500만 원 또는 종합소득 4,500만 원 이하 소득자의 경우 세액공제율 16.5%를 적용한 금액이 세금에서 공제되며, 총급여 5,500만 원 또는 종합소득 4,500만 원을 초과하는 경우에는 13.2%를 적용한 금액이 세금에서 공제된다.

셋, 연금저축펀드나 IRP로 이전한 금액 가운데 추가세액공제를 받은 금액을 제외한 나머지 금액은 그 이듬해부터 언제든 중도인출할 수 있다. 심지어 중도인출한 돈은 새롭게 개설한 ISA에 납입할 수도 있다. 예컨대 3천만 원을 ISA에서 이전했을 때 추가세액공제를 받은 300만 원을 제외한 2,700만 원은 그 이듬해부터 언제든 중도인출할 수 있다. 다만 IRP의 경우에는 중도인출이 가능한 조건이어야 한다.

넷, 추가세액공제를 받은 금액을 제외한 나머지 금액 가운데 일부 혹은 전부를 중도인출하지 않으면 그 이듬해 연금저축펀드나 IRP 납입금액으로 인정받을 수 있다. 물론 이때도 연간납입한도에서 제외되는 것은 동일하지만 연간 세액공제한도(IRP 900만 원, 연금저축 600만 원, 합산 900만 원)는 동일하게 적용된다.

ISA로 절세와 수익을 잡아라!

그렇다면 왜 이처럼 좋은 ISA를 이용해서 돈 좀 벌었다는 사람이 없을까? 크게 두 가지 이유 때문이다.

첫째, 절세통장이기 이전에 투자통장이다. 그런데 투자를 잘 못 하는 경우가 많다. 수익이 없으니 절세든 뭐든 의미가 없다.

둘째, 혜택이 너무 많다.

기본적인 절세에 손익통산제도, 그리고 만기 후 연금 관련 계좌로의 이전 등 활용하기에 따라 많은 혜택을 누릴 수 있다. 그러다 보니 이것저것 욕심을 내어보지만 제대로 관리가 안 된다.

그렇다면 ISA를 어떻게 활용하면 좋을까? 다음의 두 가지를 꼭 기억하자.

1. 모든 기능을 사용하기보다 자신에게 필요한 기능에 집중하자

예컨대 3년 이내 종잣돈 마련이 목적이라면 은행 적금, 3년 이상 5년 이내 종잣돈 마련은 자산증식형 봉지라면이나 순한라면 시리즈 등이다. 반대로 당장 연금이 목적이라면 거위라면 가운데 자산증식과 배당동시추구형 또는 원금보존추구 배당전략이나 AI섞어라면 가운데 배당혁신형 등에 관심을 가지는 것이 좋다.

2. 증권사별 자동매수서비스도 주목하자

그래도 부담스럽다면 적립식 투자에 한해 증권사별로 제공하고 있는 자동 매수 서비스를 이용해도 된다. 물론 그것이 투자성과를 보장하는 것은 아님을 명심하자.

봉지라면이 연금저축과 IRP를 만나면?

봉지라면 포트폴리오를 연금저축과 IRP(퇴직연금 DC형 포함)에 적용할 때 누릴 수 있는 절세혜택을 정리하면 다음과 같다. 참고로 연금저축계좌는 모든 연령이나 소득에 상관없이 모든 국민이 가입할 수 있지만 IRP의 경우 소득자만 가입할 수 있다. 또한 연금저축은 증권회사나 은행 등 동일한 금융회사에 여러 개를 만들 수 있지만 IRP는 같은 금융회사에 1개씩만 개설할 수 있다.

첫째, 투자기간 동안 세액공제

연금저축과 IRP를 합쳐 연간 투자 가능한 금액은 1,800만 원으로 정해져 있다. 다만 소속된 회사에서 납입해주는 퇴직연금 DC형은 금액한도가 없다.

인생을 바꾸는 봉지라면 재테크

IRP와 퇴직연금 DC형 가운데 회사납입분을 제외한 개인의 추가납입분이 있다면 그것을 합쳐 900만 원까지 세액공제가 가능하다. 연금저축의 경우 600만 원까지 가능하지만 세 개 계좌를 합산해 연간 세액공제 가능 금액은 900만 원이기 때문에 결과적으로 연금저축에서 최대한도인 600만 원을 세액공제 받는다면 IRP와 퇴직연금 DC형의 추가납입분에서는 300만 원까지만 받을 수 있다. 물론 IRP와 퇴직연금 DC형의 추가납입분을 포함해 최대 900만 원을 세액공제 받으면 연금저축에서는 받을 수 없다.

이때 최대한도인 900만 원을 세금에서 공제한다는 것이 아니라 가입자의 연간 총소득에 따른 세액공제율만큼 공제된다. 예컨대 총급여 5,500만 원 또는 종합소득 4,500만 원 이하 소득자의 경우 세액공제대상 금액에서 세액공제율 16.5%를 적용한 금액만큼 공제되며, 총급여 5,500만 원 또는 종합소득 4,500만 원을 초과하는 경우에는 13.2%를 적용한 금액만큼만 공제된다.

다만 이렇게 공제받은 후 연금이 개시되기 전에 중도인출하거나 해지하면 세액공제를 받은 금액과 운용수익에 대해 16.5%를 반환해야 한다. 총급여 5,500만 원 또는 종합소득 4,500만 원을 초과해 세액공제율 13.2%를 적용받았던 경우에도 중도인출 및 해지 시 운용수익을 포함해 16.5%를 반환해야 한다.

주의해야 할 것은 해마다 연말정산을 준비해야 하는 12월이 다가오면 제도성 연금계좌를 통해 환급받을 수 있다는 점을 부추기는 금융회사들의 유혹에 끌려 세액공제 한도금을 채우거나 1년치 투자금을 한꺼번에 불입하기 위해 목돈을 투자하는 경우가 있는데 이것은 투자 측면에서나 재정 관리 측면에서 위험할 수 있다. 투자 측면에서는 투자금이 분산되지 않고 특정 월에 몰려 한꺼번에 투자되는 위험이 있고 재정 관리 측면에서는 모든 제도성 연금계좌가 초장기 투자라는 점을 감안할 때 세액공제 후 만약의 경우 중도인출 시 상당한 불이익을 떠안을 수 있기 때문이다.

특히 IRP와 퇴직연금 DC형의 경우 재직 중에도 몇 가지 중도인출 가능조건을 제외하면 중도인출이나 해지 자체가 불가능하다. 따라서 순간의 유혹에 이끌려 충동적인 선택을 하는 것보다 장기적이고 체계적인 계획을 세운 다음 실행하는 것이 좋다.

둘째, 세금을 연기해주는 과세이연

연금저축과 IRP(퇴직연금 DC형 포함)에서 발생한 수익은 과세되지 않고 연금 지급이 개시될 때까지 연기되는데, 이것을 과세이연이라 한다. 즉 연금 지급이 개시될 때까지 발생한 수익에 대한 세금을 내지 않고 투자금으로 사용할 수 있다는 뜻이다. 배당 또는 이자수익도 마찬가지다.

셋째, 계좌 내 수익 및 손실 합산과세

연금저축과 IRP(퇴직연금 DC형 포함)에서 발생한 수익에 대한 세금은 수익은 물론 손실까지 합산해 과세한다. 즉 계좌 내 개별 상품 수익이나 손실을 따지지 않고 계좌 전체의 수익 또는 손실을 기준으로 한다.

넷째, 세금을 깎아주는 연금소득세 저율과세

투자기간 동안 환급받은 세액공제 혜택과 과세이연된 수익금은 연금지급이 개시된 이후부터 연금수령 나이에 따라 저율과세된다. 구체적으로 55세 이후 69세까지는 5.5%, 70세부터 79세까지는 4.4%, 80세 이후부터는 3.3%가 적용된다.

투자기간 동안 환급받은 세액공제금에 대한 연금소득세 적용대상은 투자원금이 아니라 실제로 환급받은 세액공제 대상금액이다. 예컨대 연금저축에서 매년 1,200만 원을 투자하면서 그 가운데 600만 원을 세액공제 받았다면 연금소득세 적용대상 역시 투자원금 전체가 아니라 실제로 환급받은 세액공제 대상금액인 매년 600만 원을 대상으로 연금수령 나이에 따라 저율과세된다. IRP도 마찬가지다. 결론적으로는 투자기간 동안 16.5%에서 13.2%를 환급받았던 세액공제 대상금액을 연금수령 나이에 따라 최대 5.5%에서 최저 3.3%만 부담하면 되기 때문에 상당히 큰 혜택이다.

투자기간 동안 세액공제를 신청하지 않았다면 부담해야 할 연금소득세도 없다. 다만 투자원금에서 발생한 수익에 대해서는 연금소득세가 적용되지만 이 또한 배당소득세 15.4%가 아닌 연금수령 나이에 따라 저율과세로 끝나기 때문에 혜택이 상당하다.

주의해야 할 것은 투자기간 동안 환급받은 세액공제금은 이후, 즉 연금을 받을 때부터 비록 저율이지만 세금을 내야 한다는 사실이다. 따라서 환급받은 금액을 사용한다는 것은 나중에 내야 할 세금을 가불해 소비하는 것이기 때문에 환급받은 금액을 소비하기보다 해당

245

연금계좌에 재투자해 투자원금 및 기대수익을 높이는 데 활용하는 것이 좋다.

다섯째, 연금수령 시 분리과세

연금저축과 IRP(퇴직연금 DC형 포함)에 부과되는 저율의 연금소득세는 기본적으로 분리과세로 끝난다. 다만 지급받는 연금이 매년 1,500만 원을 초과하면 국내외 다른 소득과 합산해 종합소득세 대상이 된다. 이때 1,500만 원을 초과하는 금액이 아닌 모든 연금소득이 대상이 된다는 것도 기억해야 한다. 예컨대 1,501만 원을 수령했다면 1,500만 원을 초과하는 1만 원이 아닌 1,501만 원 전체가 종합소득세 대상이다.

그러나 종합소득세 대상이 된다고 해서 항상 불리한 것은 아니다. 왜냐하면 나이가 들수록 연금소득 외 다른 소득이 없거나 줄어드는 것이 일반적이기 때문이다. 예컨대 과세표준이 연간 1,400만 원 이하인 경우 종합소득세율은 6%이며 1,400만 원을 초과해 5천만 원까지는 15%다. 이때 과세표준이란 총소득에서 본인 및 부양가족 공제와 같은 인적공제와 각종 필요경비 등을 공제한 후 실제로 세금이 부과되는 소득액을 뜻하기 때문에 형편에 따라 종합소득세가 오히려 유리할 수도 있다.

종합소득세가 불리한 경우에는 16.5%의 분리과세를 선택할 수 있다는 점까지 고려하면 최종적으로는 세 가지 선택지가 있다.

① 연간 연금수령금액을 1,500만 원이 되지 않게 한다.

② 연간 1,500만 원을 초과했더라도 다른 소득이 없어 종합소득세가 유리하다고 환산되면 종합소득세를 선택한다.

③ 연간 1,500만 원을 초과하고 다른 소득이 많아 종합소득세가 불리한 경우에는 16.5%의 분리과세를 택한다.

여섯째, 건강보험료 피부양자 자격심사 및 보험료 산정 시 제외

연금을 받기 시작하는 때는 그동안 다니던 직장에서 퇴직했거나 다른 소득이 없는 경우가 많다. 이때 걱정되는 것은 건강보험료다. 특히 직장가입자인 배우자나 직장에 다니는 다 큰 자녀에게 피부양자로 등재되어 있다가 연금을 받는 것 때문에 피부양자에서 탈락되어 지역가입자로 전환되어 건강보험료를 납부하거나 이미 지역가입자였던 경우에는 보험료가 올라가지 않을까 걱정하는 경우가 많다.

지역가입자는 소득과 재산에 건강보험료가 부과된다. 피부양자 탈락 기준도 소득과 재산을 기준으로 한다. 예컨대 2024년 기준으로 재산과 상관없이 연 소득이 2천만 원을 초과하면 피부양자에서 탈락된다. 반면 재산이 5억 4천만 원 이하이고 연 소득이 2천만 원을 넘지 않거나 혹은 재산이 9억 원 이하이고 연 소득이 1천만 원을 넘지 않으면 피부양자에서 탈락되지 않는다.

피부양자 탈락 여부 및 건강보험료 산정에 영향을 미치는 소득에는 근로소득, 사업소득, 이자 및 배당소득, 기타소득, 연금소득 등이 포함되는데, 이때 연금소득에는 국민연금과 공무원연금 등 공적연금만 포함된다. 즉 퇴직연금이나 연금저축, IRP 등의 사적연금소득은 포함되지 않기 때문에 해당 계좌에서 아무리 많은 연금을 받더라도 건강보험료 피부양자 탈락 여부나 보험료 인상에 영향을 주지 않는다.

봉지라면으로 끓이는 연금저축, IRP

연금저축과 IRP도 결국은 수익이 먼저다. 그러나 퇴직연금에 가까운 IRP는 연금저축에 비해 보수적인 운용을 권장한다. 안전자산 비중이 30%인 이유다. 그래서 ETF보다 민감도가 떨어지는 공모형 펀드를 이용하는 경우도 많다.

그러나 펀드든 ETF든 안전자산, 이를테면 은행 예·적금이나 채권형 상품에 한정될 필요는 없다. 지금부터 언제까지 투자할 수 있느냐가 핵심이다. 예컨대 최소 3년 가능하면 5년 이상의 여유가 있다면 주식과 채권이 혼합된 TDF 펀드로 30%를 맞춘 다음 자산증식형 봉지라면을 활용해 나머지를 구성할 수 있다. 특히 채권형 ETF와 결합된 순한라면 시리즈도 안전자산 30%를 충족하면서 IRP에 활용할 수 있다.

반면 IRP에 계속 투자할 여력이 없거나 3년 이내에 연금으로 찾아써야 하는 경우라면 좀 더 보수적인 운용이 적절하다. 특히 커버드콜 ETF와 같은 고배당 ETF도 안전자산에 포함되기 때문에 활용범위를 넓힐 수 있다. 따라서 재정 형편과 연금 지급기간 등을 기준으로 고배당형 상품인 거위라면 시리즈나 순한라면 시리즈, 그리고 AI섞어라면 시리즈 가운데 배당혁신형을 활용할 수 있다. 물론 공모펀드로 적절한 포트폴리오를 구성해볼 수도 있다.

연금저축은 IRP에 비해 훨씬 유연하다. 예컨대 안전자산 비중도 없다. 연금저축은 금리연동형 상품인 연금저축보험과 투자형 상품인 연금저축펀드가 있으며 언제든 연금저축보험에서 연금저축펀드로, 또는 그 반대로 아무런 불이익 없이 옮길 수 있다. 다만 봉지라면은 연금저축보험이 아닌 연금저축펀드에서만 활용할 수 있다.

봉지라면을 연금저축에서 활용하는 방법도 원칙적으로는 IRP와 동일하다. 재정 형편이나 투자기간에 따라 자산증식 목적의 봉지라면, 또는 거위라면 등 배당 중심 봉지라면을 선택할 수 있다. 다만 특히 만 55세 이상부터는 연금저축과 IRP를 통합할 수 있다는 점도 참고하면 좋다. 예컨대 기존의 IRP를 연금저축에 합칠 수도 있고 그 반대도 가능하다.

퇴직금은 물론 명예퇴직금도 봉지라면

원래 퇴직금은 직장인들의 은퇴 후 노후의 안정적인 생활에 큰 도움이 되었다. 예컨대 안정적인 직장에서 수십 년 동안 재직하고 퇴직할 때 받은 퇴직금으로 여유 있는 노후를 준비할 수 있었다. 그러나 평생직장 개념이 사라지면서 갈수록 조기퇴직과 이직 및 전직이 많아지고 있다. 그러다 보니 과거와 달리 퇴직금 봉투가 점점 얇아진다. 예컨대 연봉 3천만 원을 받던 직장인이 1년 후 퇴직하면 한 달 치 급여인 250만 원 정도를 퇴직금으로 수령한다. 퇴직금이 자투리 여윳돈으로 전락하면서 금방 사라지는 경우도 많다.

그러나 퇴직금은 과거는 물론 앞으로도 은퇴 이후 안정적인 노후생활을 위해 필요한 가장 기본적인 목적자금이다. 물론 어쩔 수 없는 사정 때문에 다른 목적에 사용하는 경우도 있겠지만 가능하면 기본적인

인생을 바꾸는 봉지라면 재테크

목적에 맞게 관리하는 것이 좋다. 65세에 은퇴를 해도 그때부터 최소 30년이다.

55세가 되기 전에 퇴직하면서 받는 퇴직금은 해당 직장의 퇴직연금 가입 여부와 상관없이 반드시 IRP로 수령해야 한다. 또한 퇴직연금 DC형은 나이에 상관없이 IRP로만 받아야 한다. 다만 퇴직금 담보대출을 상환해야 하거나 퇴직금이 300만 원 이하라면 한꺼번에 현금으로 수령할 수 있다.

반면 55세 이후에 퇴직하면서 받는 퇴직금은 일시에 현금 수령도 가능하고, 연금저축 혹은 IRP 가운데 하나를 선택해 받은 다음 55세 이후부터 연금으로 수령할 수 있다. 또한 개인이 임의로 가입한 IRP를 연금으로 받으려면 가입기간이 최소 5년 이상, 만 55세가 넘어야 하지만 IRP에 퇴직금을 이체한 경우에는 가입기간과 상관없이 만 55세만 넘으면 언제라도 연금수령이 가능하다.

그렇다면 퇴직금을 일반계좌를 통해 현금으로 수령하는 것과 연금저축 혹은 IRP 등의 연금계좌로 받는 것은 어떤 차이가 있을까?

퇴직금을 현금으로 받으면 퇴직소득세를 공제하고 지급한다. 퇴직소득세는 재직기간에 따라 다르지만 경우에 따라 20%가 넘는 경우도 많다. 반면 연금계좌에 이체하면 퇴직소득세 공제 없이 퇴직금을 그대로 옮길 수 있다. 그렇다고 퇴직소득세가 면제되는 것은 아니고 연금계좌로 받은 퇴직금을 55세 이후 연금으로 인출할 때부터 연금소득세 형태로 부과된다.

예컨대 연금계좌로 받은 퇴직금을 연금으로 받을 때는 먼저 퇴직금 원금에서부터 지급하고 그다음에는 퇴직금을 운용해서 얻은 이익을 지급하도록 법에서 정하고 있는데 퇴직금 원금을 지급할 때는 연금수령액에 퇴직소득세율의 70%(11년 차부터는 60%)를 연금소득세로 원천징수한다. 따라서 퇴직소득세의 30~40%를 절세할 수 있다. 물론 연금을 받을 때까지 퇴직소득세가 이연되는 것과 여러 해에 나누어 조금씩 징수하는 것도 큰 장점이다. 결국 세금으로 재테크하는 셈이다.

퇴직금 원금을 전부 지급하고 나면 퇴직금을 운용해서 얻은 이익을 연금으로 지급하는데, 이때는 연금을 수령하는 나이를 기준으로 연금지급액의 3.3~5.5%를 연금소득세로 원천징수한다. 퇴직금 원금을 재원으로 수령하는 연금소득은 금액과 상관없이 분리과세로 끝나지만, 운용수익을 재원으로 수령하는 연금소득은 연간 1,500만 원(연금저축계좌 연금액 합산)까지는 분리과세, 그것을 1원이라도 초과하면 다른 소득과 합산해 종합소득세로 과세한다. 다만 종합과세 대신 16.5%의 분리과세를 선택할 수도 있다.

그러나 퇴직금을 연금으로 받을 때는 매년 수령할 수 있는 연금액의 한도가 정해져 있다는 것은 참고할 필요가 있다. 예컨대 연금을 최초 개시한 연도에는 신청일 현재 IRP 잔고, 그다음 해부터는 매년 1월 1일 현재 IRP 잔고를 기준으로 '11-연금수령연차'로 나눈 다음 그렇게 계산된 금액의 1.2배를 그 해의 연금수령한도로 정하고 있다. 이때 '연금수령연차'는 연금수령을 최초로 개시한 연도를 1년 차로 본다.

인생을 바꾸는 봉지라면 재테크

만약 최초 개시한 연도의 신청일 현재 IRP 잔고가 1억 원이라면 그 해의 연금수령한도는 1,200만 원[{1억 원÷10(11-1)}×120%]이 된다. 그 다음 해부터는 (11-2), (11-3) 등으로 계산되어 결과적으로 분모가 1씩 줄어들 것이다. '연금수령연차'가 11년 이상이면 그때부터는 연금수령한도 없이 인출할 수 있다.

이 같은 연금수령한도는 2013년 3월 1일 이전에 IRP를 가입했거나 혹은 확정급여형(DB형)이나 확정기여형(DC형) 퇴직연금에 가입한 사람이 퇴직금 전부를 IRP에 이체한 경우에는 최초 연금수령연차를 1년이 아닌 6년으로 적용하기 때문에 IRP 잔고가 동일하다면 연금수령한도가 2배로 증가한다. 왜냐하면 연금을 최초 개시한 연도에 10(11-1)이 아닌 5(11)로 줄어들기 때문이다. 그다음 해부터도 (11-7), (11-8) 등으로 계산되어 2013년 3월 1일 이후에 가입한 경우보다 2배 이상 많아진다. 그 때문에 2013년 3월 1일을 기준으로 그 이전에 가입한 IRP와 이후에 가입한 IRP를 하나로 통합할 수 없다.

그렇다면 매년 연금수령한도 이상은 인출하지 못하는 것일까? 아니다. 다만 세금이 다르게 적용된다. 한도초과에 해당하는 인출금액에 대해서는 '연금외 수령'으로 간주되어 퇴직금 원금을 인출하는 경우에는 별도의 세액감면 없이 퇴직소득세만큼 과세되며, 운용수익에 대해는 5.5~3.3%가 아닌 16.5%의 기타소득세가 과세된다. 그러나 다음의 경우처럼 법에서 정하고 있는 부득이한 경우에는 연금수령한도를 초과하더라도 세금감면 혜택이 유지된다.

연금수령한도에 포함되지 않는 경우

1. 가입자의 사망 또는 해외 이주
2. 가입자 또는 부양가족이 질병, 부상으로 3개월 이상 요양이 필요한 경우
3. 가입자가 파산선고, 개인회생 절차 개시 결정을 받은 경우
4. 연금계좌를 취급하는 금융기관이 영업정지 또는 파산한 경우
5. 천재지변이 일어난 경우

따라서 연금수령한도를 지켜 연금으로 수령하는 것은 퇴직금을 연금계좌가 아닌 일반계좌를 통해 현금으로 받고 그것을 다시 은행 예금이나 ETF 등 일반적인 금융상품으로 운용하면서 운용수익(이자)과 배당소득에 15.4%의 세금을 내야 하는 것과 비교하면, 당장 퇴직소득세를 과세이연해 실질적으로 절세하는 것을 포함해 매우 큰 혜택이 아닐 수 없다. 또한 갑작스럽게 목돈이 필요한 경우에도 연금수령한도 이상으로 인출이 가능하기 때문에 퇴직금은 가능하면 연금계좌로 받는 것이 좋다.

물론 퇴직금을 일반계좌를 통해 현금으로 받았다고 해서 되돌릴 수 없는 것은 아니다. 퇴직금을 수령한 날로부터 60일 이내에 연금계좌로 이체하면 된다. 이때 회사에서 원천징수했던 퇴직소득세를 다시 환급받을 수 있다.

퇴직금 중 일부만 연금으로 사용하고 나머지는 현금으로 받을 수도 있다. 처음부터 퇴직금 중 일부를 연금계좌, 나머지를 일반계좌로 받

으면 된다. 이때는 전체 퇴직금에서 연금계좌로 받은 금액은 퇴직소득세를 공제하지 않는다.

모든 퇴직금을 일반계좌로 받았지만 그 가운데 일부를 연금으로 사용하고 싶은 경우에도 마찬가지다. 연금으로 사용하기 원하는 금액만큼 60일 이내에 연금계좌에 이체하면 된다. 이때는 전체 퇴직금에서 연금계좌로 이체한 비율에 따라 이미 공제되었던 퇴직소득세가 연금계좌로 다시 환급된다.

마지막으로, 명예퇴직금은 어떻게 처리되는지 궁금해하는 사람들이 많은데 현행 소득세법상 근로자의 퇴직으로 발생하는 모든 소득은 명칭에 관계 없이 퇴직소득으로 보고 과세한다. 따라서 명예퇴직금도 퇴직소득이기 때문에 명예퇴직금을 연금계좌에 이체하면 앞의 경우와 동일하게 퇴직소득세 공제 없이 지급된 다음 55세 이후부터 연금으로 받을 때부터 연금소득세로 과세한다. 정리하면 명예퇴직금 역시 일반적인 법정퇴직금과 마찬가지로 현금으로 수령하면 퇴직소득세, 연금계좌에 이체한 후 연금으로 수령하면 연금소득세가 부과된다.

다만 명예퇴직금은 법정퇴직금이 아니기 때문에 55세 이전에 퇴직하더라도 반드시 IRP로 받아야 할 의무는 없다. 나이와 상관없이 일시에 현금으로 수령할 수도 있고 연금계좌에 이체한 다음 55세 이후에 연금으로 수령할 수도 있다. 물론 법정퇴직금과 마찬가지로 일부만 연금으로 사용할 수도 있다.

봉지라면으로 끓이는 퇴직금

퇴직금을 연금계좌로 받더라도 그 이후 운용을 잘못하면 절세효과가 줄어들 수밖에 없다. 특히 퇴직금은 목돈으로 받기 때문에 매달 적립식의 경우와 비교하면 보수적인 운용이 바람직하다. 따라서 기본적으로는 자산증식형 봉지라면보다 연금형이 적절하다. 대신 재정 형편이나 투자기간 등을 기준으로 순한라면 시리즈와 거위라면의 원금보존추구 배당전략형, 또는 AI섞어라면 가운데 배당혁신형 등에 관심을 가지는 것이 좋다.

에필로그
투자는 모르지만 인생은 잘 살고 싶다

착각하지 말자, 세상은 나를 돕지 않는다

우리가 투자에 관심을 가지는 것은 모두가 원하는 행복의 방해꾼이 돈이기 때문이다. 흔히들 돈으로 살 수 없는 것이 더 많다고 하지만 우리의 현실은 당장의 행복을 위해 돈으로 사야 하는 것들이 훨씬 많다. 옷을 입어야 하니 돈이 필요하고 밥을 먹어야 하니 돈이 필요하며 집도 있어야 하니 돈이 필요하다. 이처럼 일상의 가장 기본적인 것들 외에도 돈을 원하는 곳은 셀 수 없이 많다. 그런데 당신이 정말 놓치면 안 되는 것이 있다. 기본적인 의식주는 물론 모든 소비의 주체는 다른 사람이 아닌 '나' 자신이다.

살다 보면 넋두리처럼 '나도 남들처럼…' 하며 한탄하곤 한다. 그런데 중요한 것은 그 같은 넋두리를 돈이 없는 사람들만 하는 것이 아니라는 사실이다. 재벌 2세조차 행복을 찾지 못해 마약에 중독된 인생을 사는 이들도 많다. 돈이 넘치는 사람도, 가난 때문에 죽고 싶다는 사람도 똑같이 그런 말을 한다면 단지 돈, 그것만으로는 우리가 바라는 행복을 완성할 수 없다는 사실은 확실하다. 물론 행복하지 않아도 좋으니 돈부터 많으면 좋겠다는 마음, 있을 수 있다. 필자도 그랬던 때가 있었다.

그런데 지금도 그렇게 생각한다면, 소비는 물론이거니와 행복을 생산하고 소비하는 주체 역시 다른 사람이 아닌 '나' 자신이라는 것을 생각하면 좋겠다. '나도 남들처럼…'이라는 세상의 프레임에서 벗어나야 한다.

착각하지 말자. 세상은 세상을 도울 뿐 나를 돕지 않는다. 행복해야 하는 사람도, 나의 행복을 가장 많이 바라는 사람도, 그런 나를 가장 많이 돕는 사람도 다른 사람이 아닌 '나' 자신이다.

재테크에는 세 가지 종류가 있다. 필자는 그것을 재테크 3종 세트라고 부른다.

첫째는 많이 버는 것이다. KB금융연구소에서 발표한 2023년 한국 부자 보고서에 의하면 현재의 자산을 축적하는 데 가장 기여도가 큰 원천으로 사업소득과 근로소득이 부동산이나 금융투자로 인한 소득보다 2배 가까이 많았다고 한다. 특히 2021년 이후 근로소득만으로 부자에 진입하는 경우도 갈수록 증가하는 것으로 파악되었다. 재테크는 많은 돈을 벌었다가 많은 돈을 손해 보기도 하지만 한번 올려놓은 몸값은 잘 떨어지지 않는다. 필자는 그것을 몸값의 복리효과라고 부른다.

둘째는 적게 쓰는 것이다. 아무리 많은 돈을 벌어도 그 이상 쓰면 돈을 모으지 못한다. 그러려면 가능하면 자기가 좋아하는 일을 해야 한다. 연극인은 하루 종일 연극만 해도 행복하고 가수는 노래만 불러도 행복하다. 적게 벌어도 돈을 남길 수 있다.

마지막 셋째는 그렇게 남긴 돈을 많이 불리는 것이다. 우리가 일반적으로 말하는 '재테크'다.

필자가 돈을 모으기 시작한 것은 역설적이지만 소득이 많았을 때가 아니라 적었을 때부터였다.

부산에서 전문직으로 활동하고 있었던 때는 참 많은 돈을 벌었다. 그러나 관련 자격증을 대학 졸업을 앞두고 취업 때문에 어쩌다 덜컥 땄기 때문에 적성에 맞지 않았고 행복하지도 않았다. 그래서 '나도 남들처럼…'이란 한탄을 마음에 달고 살았다. 돈은 많이 벌었지만 그만큼 썼다. 돈으로 스트레스를 태웠다. 그러니 재테크 자체를 할 수 없었다. 많은 돈을 벌었지만 돈이 남아 있지 않았다.

그러다 2000년 서울로 진출했고 닷컴버블이 터지면서 사업을 접어야 했다. 그때 나에겐 두 가지 선택이 있었다. 첫 번째는 서울 사업을 정리하고 부산으로 내려가서 하던 일을 계속하는 가장 현실적인 선택, 두 번째는 기왕 이렇게 되었으니 아예 직업을 바꾸는 비현실적인 선택이었다. 여러 달을 고민한 끝에 후자를 택했다. 그렇게 하지 않으면 평생 그 일에서 벗어날 수 없다는 절박함 때문이었다. 주변 사람들은 그런 나를 전혀 이해하지 못했다.

그렇지만 현실은 냉혹했다. 낯선 서울에서 나를 받아줄 안정된 직장은 없었기에 궁여지책으로 P생명보험회사에 보험설계사로 입사해 보험영업을 시작했다. 힘들었지만 다섯 식구의 가장으로 당장 생계가 더 절박했기에 정말 열심히 일했다. 그런데 일을 하면 할수록 재미가 있었다. 보험을 통해 다른 사람들의 행복을 지키면서 더 나은 미래를 계획하는 것이 즐거웠다. 그때부터 돈이 남았다. 돈 모으기가 쉬워졌다. 소비를 통해 스트레스를 태워야 할 필요가 없었기 때문이다.

실적도 좋았다. 일주일에 신규 계약을 3건 이상 연속해서 따는 3W를 100주씩이나 했다. 그 이후 보험만으로는 제대로 된 재무설계를 할 수 없다는 것을 알고 투자컨설팅 분야로 옮긴 후 20여 년이 지나 지금에 이르렀다. 소비지출이 적은 것은 그때나 지금이나 마찬가지다. 물론 스트레스가 완전히 없을 수는 없지만, 스트레스라기보다 업무의 특성으로 인한 '긴장'이라는 표현이 더 적절한데, 그것은 나름의 휴식(산책, 독서, 영화나 드라마 정주행하기 등)이면 족하다.

봉지라면 재테크를 쓰게 된 것도 그 때문이다. 당신에게 쉽고 간단한 봉지라면 재테크가 필요한 이유는 하루의 가장 많은 시간을 당신이 좋아하는 일을 찾고 그 일을 통해 당신이 성장하는 데 투자해야 하기 때문이다. 그러면 재테크 3종 세트를 한꺼번에 가질 수 있다. 그렇게 시간이 지나면 부자가 된다. 남들처럼? 아니, 당신이 행복을 느낄 수

261

에필로그 투자는 모르지만 인생은 잘 살고 싶다

있을 만큼. 지금부터라도 소비는 물론 행복을 생산하고 소비하는 주체 역시 다른 사람이 아닌 '나' 자신이라는 것을 잊지 않으면 좋겠다. 그 때부터 당신의 재테크가 쉬워진다.

행복을 지켜주는 현실이란 없다

재테크 3종 세트의 첫 번째는 많이 버는 것이다. 여기서 먼저 전제해야 할 것은 행복을 미루지 말라는 것이다. 누구에게도 내일은 보장되어 있지 않기 때문이다. 그런데 돈을 많이 벌려면 일을 더 많이 해야 하지 않을까? 이 같은 의문에 답하기 위해 다음의 세 가지 경우를 생각해보자.

첫 번째는 일과 쉼의 균형과 관련해 자주 인용되는 두 명의 나무꾼 예화를 소환해보자. 한 사람은 아침부터 저녁까지 단 한 번도 쉬지 않았고 다른 한 사람은 가끔 쉬었지만 그때마다 도끼를 갈았다. 그 때문에 한 번도 쉬지 않았던 나무꾼보다 더 많은 나무를 베었다는 이야기다. 여기서 우리가 일과 쉼의 균형, 그리고 생산성에 관해 냉철하게 생각해야 할 것은 가끔 쉴 때마다 도끼를 갈았던 나무꾼에게 절대적인 휴식은 없었다는 사실이다. 쉬는 동안에도 그는 여전히 도끼를 가는 '일'을 했다. 물론 도끼를 갈았다는 것이 육체적인 노동만을 뜻하지는 않는다. 업무와 전혀 상관없는 여가활동을 통해 지친 몸과 마음을 쉬게 하는 것도 도끼를 가는 것과 같다. 그러나 휴식으로 도끼가 더 예리해졌느냐는 별개의 문제다.

해마다 휴가철이 되면 잘 알려진 기업의 CEO들이 휴가 동안 어떤 책을 읽었는지가 화제가 되곤 한다. CEO들은 휴가 동안에도 계속 일을 한다는 뜻이다. 구체적으로는 새로운 일을 시작하거나 기존의 방식을 변화시키기 위한 구상을 하는 경우가 많다. 그래서 휴가가 끝나고 회사로 복귀할 때 새로운 일 보따리를 잔뜩 가져온다. 그렇다면 그들은 CEO가 되었기 때문에, 즉 회사경영에 대한 책임감 때문에 그렇게 하는 것일까? 아니다. 그렇게 해왔기 때문에 CEO가 되었다. 즉 일의 생산성도 중요하지만 어떻게 쉬느냐도 중요하다.

두 번째는 일과 직업에 대한 이야기를 나눌 때마다 등장하는 '꿈과 적성'에 관한 이야기다. 재밌는 것은 꿈과 적성이 항상 '현실'이라는 단어와 함께 등장한다는 사실이다. 또한 '행복'이라는 단어가 그때까지의 모든 논쟁을 끝내는 것도 비슷하다. 즉 꿈과 적성에 맞는 일이나 직업을 선택하는 이유도 행복 때문이고 현실적인 문제로 꿈과 적성을 포기하는 이유도 행복 때문이다.

그런데 현실이라는 것은 태생적으로 행복을 지켜줄 수 없다. 현실의 기초는 경쟁이기 때문이다. 그래서 우리는 현실이란 단어를 누군가에게 얼음처럼 차가운 물을 끼얹을 때 주로 사용한다. "꿈 깨!"

생각해보자. 우리가 서로를 격려하며 외치는 '열심' '최선' '노력' 등은 원래 꿈과 적성에 가까운 단어였다. 그런데 어느 순간부터 경쟁과 더욱 친밀해졌다. 안타까운 것은 그 같은 인식 전환이 갈수록 빨라지고(심지어 어린이집에서부터) 있다는 '현실'이다. 그렇다고 이처럼 차가운 현실에서 행복을 누릴 수 없다고 말하려는 것은 아니다. 다만 국가를 비롯한 어느 누구, 심지어 가족조차 당신의 행복을 보장해주지 못한다는 사실을 말하고 싶을 뿐이다. 그것이 현실이다.

마지막 세 번째는 일하는 시간의 변화에 대한 인식이다. 예컨대 정부의 노동정책에 따라 실질근로시간이 달라지는 직업군이 있고 전혀 상관없는 직업군이 있다. 여기서 실질근로시간이란, 근로기준법에서 정하고 있는 대가 있는 근로뿐만 아니라 변화에 적응하기 원하는 개인이 소위 자기계발 등 스스로의 선택으로 돈과 시간을 투자하는 학습에 필요한 모든 수고를 합친 것이다.

주로 제조 관련 대기업 근로자들처럼 정년이 보장되고 해고가 자유롭지 못한 직군의 실질근로시간은 노동정책에 많은 영향을 받는다. 공무원이나 공공기관 종사자들도 비슷하다. 변화에 대한 적응이 고용에 영향을 끼치는 정도가 적기 때문이다. 반면 그 외의 종사자들은 노동정책과 상관없이 실질근로시간이 증가하고 있다. 특히 과거의 자기계발이 남보다 빠른 승진이나 성장을 위한 목적이었다면 지금의 그것은 생존을 위한 것이다.

그 결과 이제는 누구랄 것도 없이 프리랜서, 1인 기업, 디지털 유목민 등의 수식어가 당연시되고 있다. 그것들은 한결같이 국가나 기업, 집단보다 개인의 책임을 강조하고 있다는 사실도 변화의 시대에 맞닥뜨린 우리가 간과해선 안 될 대목이다.

흔히들 사람이 아니라 인공지능과 싸워야 한다고 말하는 시대에서 새로운 정보와 기술의 빠른 변화는 누구에게나 지금보다 더 많은 시간의 실질노동을 요구하고 있다. 그렇다고 현실이란 것이 우리를 배려하는 것도 아니고 별도의 휴식을 보장받기 위해 하루 24시간을 늘릴 수도 없다. 그러나 우리는 한결같이 행복하기를 원한다. 그렇다면 답은 간단하다. 현실을 믿지 말고 현실을 조작하자. 더 많이 일하면서 동시에 더 많이 놀아보자.

어떻게 하면 더 많이 일하면서 더 많이 놀 수 있을까? 한마디로 '일하는 듯 놀고, 놀 듯 일하는 방법'을 배우고 습관화하는 것이다. 앞서 언급했듯 CEO들은 휴가 동안에도 독서나 다른 수단을 통해 사업에 대해 새로운 구상을 하거나 기존의 일을 되돌아보면서 재구성하는 경우가 많다. 그들의 휴가는 쉼일까? 노동일까? 나는 그것을 쉬는 동안에도 도끼를 갈면서 '계속' 일했던 나무꾼과 같다고 생각한다. 관련해 젊은 시절 군대에서 야간사격훈련을 처음 받았던 때의 경이로웠던 기억을 떠올려본다. 야간사격훈련은 달빛은 물론 별빛조차 없는 칠흑같이 깜깜한 밤을 택해 실시한다. 총을 쏘는 사대에 엎드려 앞을 바라보면 표적지는커녕 아무것도 보이지 않는다. 그런데도 어떻게 표적지 정중앙을 맞힐 수 있을까?

정답은 표적지가 아니라 딴 곳을 바라보면서 짐짓 딴전을 피워야 한다는 것이다. 구체적으로는 표적지가 있는 정면을 기준으로 좌우 45도 정도의 각도에 시선을 고정한 다음, 마치 사시 눈을 뜬 채 곁눈질하는 것처럼 정면을 바라보면 우주의 자연광이 반사되면서 표적지가 흐릿하게 보이기 시작한다. 그다음에 표적지의 정중앙이 시야에 들어오면

숨을 멈추고 방아쇠를 당기면 된다. 그때의 경험이 경이로웠던 이유는 정면, 즉 목표에 집중할 때 보지 못했던 것을 살짝 딴전을 피우니 볼 수 있었다는 것이다.

흔히들 나무를 보지 말고 숲을 봐야 한다고 말하지만, 나무꾼이 숲속에 앉아서 숲 전체를 본다는 것은 쉽지 않다. 그래서 일터에서의 쉼이란 '일'이라는 나무로 가득 찬 숲속에서 마치 야간사격의 원리처럼 뇌의 한쪽 공간을 살짝 열고 여유를 잃지 않는 것과 같다. 그때 비로소 내가 보지 못했던 나무의 다른 모습을 볼 수 있다.

CEO의 휴가가 그저 노는 것이 아닌 것처럼, 나무꾼의 쉼이 그저 쉬는 것이 아닌 것처럼, 일하는 듯 놀고 놀 듯 일하는 것도 마찬가지다. 물론 독자들에 따라서는 자신도 휴가를 그렇게 활용하고 있다고 말하는 사람도 있을 것이다. 다만 그것이 꼭 휴가라는 구분된 시간을 넘어 매일같이 출근하고 일하는 일상에서도 습관이 되어 있느냐가 중요하다. 모든 사람의 하루는 적든 많든 마치 찢어진 천 조각 같은 휴식의 시간이 있기 때문이다.

노는 동안에도 일하는 것과 마찬가지로 일하는 시간 역시 여유를 가질 수 있어야 한다. 일이라는 나무에 집중하고 있지만 의식의 한쪽 면에는 숲을 바라볼 수 있어야 한다는 뜻이다. 그래야 창의성도 유지되고 일에 대한 재미도 생기며 빨리 지치지 않는다. 그런 습관이 되풀이되면 자신도 모르게 '멀티플레이어', 즉 여러 가지 분야에 대한 지식을 갖추고 많은 일을 동시에 해내는 사람으로 성장할 수 있다.

삶의 스토리라인이 종잣돈을 결정한다

재테크 3종 세트의 두 번째는 지출관리다. 이때 중요한 것은 내 삶의 스토리라인, 즉 '어떤 삶을 살 것인가?'에 스스로 답할 수 있어야 한다. 바쁜 세상에 그런 생각을 하며 사는 사람이 몇 명이나 되겠냐고 반문할 수 있으나 이것은 돈을 모으는 데 가장 현실적이고 중요한 질문이다.

실제로 이 같은 질문을 단 한 번도 해보지 않고 살아왔다면 분명 거짓말이거나 도대체 생각이란 것을 하지 않고 살아왔거나 둘 중의 하나일 것이다. 왜냐하면 태어나면서부터 '교육'이라는 이름으로 받는 모든 것들은 어떤 삶을 살 것인가의 일단을 구성하기 때문이다. 예컨대 어렸을 때 숟가락질을 가르치는 것은 다른 사람의 도움 없이 스스로 식사할 수 있는 일상(삶)이 목적이다. 일반적으로 교육제도라는 것은 어떤 직업을 가질 것인가를 최종 목표로 정한 다음 그것을 위해 언제 무엇을 어떻게 배우며 어느 학교에 진학할 것인지를 결정한다. 즉 누구에게나 일(직업)은 어떤 삶을 살 것인가를 결정하는 핵심이다.

그러나 교육의 진짜 목표는 직업을 정하기 전에 어떻게 사는 것이 가장 행복하게 사는 것이고 그것을 위해 어떤 생각과 가치철학을 가져야 하는지를 가르치고 이해시키며 정서적 습관으로 자리 잡게 하는 것이다. 교육의 형식적인 목표는 직업이지만 실질적인 목표는 '사람'이다. 따라서 중요한 것은 일과 직업 그 자체가 아니라 그것을 선택하는 스토리라인이다. 이때 스토리라인이라는 것은 단지 좋아하는 일을 선택하는 것에 그치지 않고 자신이 선택한 일에 크든 작든 사회적 가치를 담는 것을 의미한다. 일종의 소명이다. 그럴 때 일의 생명력은 훨씬 강해진다.

이 같은 스토리라인은 크게 두 가지 줄기에서 시작된다. 하나는 나 자신을 위한 것, 다른 하나는 내가 속한 사회를 위한 것이다. 원칙적으로 모든 직업은 두 가지 모두를 포함하고 있다. 예컨대 변호사는 법률적으로 억울한 사람들을 도와 그의 권리를 구제하고 보편적인 정의가 살아 있는 사회가 될 수 있게 힘쓴다. 환경미화원은 깨끗한 거리환경을 조성해 사람들이 기분 좋은 일상을 살아갈 수 있도록 돕는다. 이처럼 나를 위한 이기적인 동기와 다른 사람을 위한 이타적인 동기가 교집합을 이룰 때 가장 즐겁고 행복하다.

물론 스토리라인은 나 자신을 위하는 것에서 시작된다. 직업은 나의 존재가치, 즉 내가 다른 사람 또는 사회와 연결되는 통로임과 동시에 가장 많은 시간을 보내는 영역이기 때문이다. 그러나 나 자신을 위한 것이라고 할 때 그것이 직업을 준비하고 영위하는 과정인지 아니면 그로 인한 결과인지, 두 가지 모두인지를 구별하는 것도 중요하다. 즉 제사인지 잿밥인지 두 가지 모두인지가 핵심이다. 이해를 돕기 위해 다양한 직업 가운데 특별한 소명의식이 필요하다고 생각하는 의사를 사례로 들어보겠다.

한국에서 의사는 결과적으로 부와 높은 신분의식을 동시에 얻을 수 있는 직업이다. 대신 날마다 아픈 환자들을 만나야 하고 그들의 하소연을 들어주어야 하며 때로는 위험한 수술을 해야 하고 그로 인해 뜻하지 않은 의료분쟁에 시달려야 할 수도 있다.

그런데 의사라는 직업을 통해 내가 원하는 것이 아픈 사람들을 고치는 행위에서 느끼는 보람이 아닌 결과적으로 주어지는 고소득과 높은 신분의식이라면 어떻게 될까? 아마 그는 '어떤 삶을 살 것인가?'에 이렇게 답할 것이다.

"다른 사람들보다 더 많은 돈을 벌고 더 높은 사회적 지위를 누리면서 하루라도 빨리 경제적 자유를 달성한 다음 편안하게 살고 싶다."

그런 그는 환자들을 만나고 자신의 딱한 형편을 하소연하는 소리를 들어야 하는 진료실에서 보람을 느끼기보다는 짜증과 스트레스를 감추기 위해 애쓰는 시간이 더 많지 않을까? 그렇게 하루의 일과를 마친 후에는 자신의 시간을 할애해 환자들의 고통이나 하소연에 공감력을 높이는 교육활동이나 진료 사각지대에서 고통받는 사회적 약자들을 위한 의료봉사에 관심을 두기보다 진료실에서 쌓인 스트레스를 해소하기 위한 여가활동에 더 많은 시간을 할애하지 않을까?

이제 반대의 경우를 생각해보자. 의사를 직업으로 삼기를 원하는 이유가 아픈 사람들을 고쳐주거나 그들의 하소연을 듣고 희망을 선물하는 행위에서 보람을 느끼기 때문이라면 어떨까? 아마 그는 '어떤 삶을 살 것인가?'에 이렇게 답할 것이다.

"어떤 이유로든 건강을 잃고 고통받는 사람들을 살려 그들에게 희망을 전하는 일을 하면서 살고 싶다."

그런 그에게 환자들을 만나면서 환자들이 자신의 고통을 이겨낼 희망을 전하는 진료실은 그의 소명의식을 다시 확인하는 공간이 되지 않을까? 그렇게 일과를 마치면 환자들의 고통이나 하소연에 공감력을 높이는 교육활동이나 진료 사각지대에서 고통받는 사회적 약자들을 위한 의료봉사에 더 많은 관심을 갖지 않을까? 그러면서 진료와 관련된 사회적 활동의 저변을 넓히는 데 더 많은 시간을 할애하지 않을까?

직업을 준비하고 영위하는 과정에서의 보람이나 즐거움보다 결과적인 보상 때문에 의사가 된 사람은 정해진 시간만 일하면서 삶의 행복을 다른 곳에서 찾겠지만 의사로서의 소명의식이 앞섰던 사람은 더 많은 시간을 일하면서도 일 자체에서 행복을 누리며 살아갈 것이다. 요컨대 의사인 두 사람의 소득은 비슷하지만 저마다 누릴 수 있는 행복의 총량은 다를 것이다. 만약 당신이 의사가 되기 원한다면 당신 인생의 스토리라인은 무엇인가? 만약 당신이 환자라면 어떤 의사를 만나기를 원하는가?

물론 나는 사람들이 직업을 찾는 목적과 그로 인해 서로 다른 일상을 보내는 것을 평가하려는 것이 아니다. 일과 직업에 대해 어떤 스토리라인을 가졌는지가 삶의 행복과 일에 대한 생명력은 물론 구체적인 지출 관리에도 큰 영향을 미친다는 점을 말하고 있는 것이다.

물론 모든 사람이 의사와 같은 고소득 전문직으로 일할 수 있는 것은 아니며 또한 스토리라인이라는 것이 인생과 사회에서 어떤 고귀한 가치를 꼭 실현해야 하는 것도 아니다. 다만 AI와 싸우면서 자칫 지긋

지긋할 수 있는 100세 시대를 살아야 하는 당신에게 일의 생명력을 통해 행복의 총량을 높이면서 더 오랫동안 일할 수 있는 것만큼 좋은 선물은 없다. 그렇다면 내 삶의 스토리라인은 구체적인 지출 관리에 어떤 영향을 끼칠까?

당신의 행복은 당신이 정하는 것이다

경쟁사회에서 현실은 마치 OX게임과도 같다. 안타가 아니면 아웃이듯 성공 아니면 실패로 구분하는 데 익숙하다. 그러나 인생은 야구 경기가 아니다. 인생은 성공과 실패보다 이것도 저것도 아닌 어중간한 시간이 훨씬 많다. 행복은 그 어중간한 시간을 행복과 불행 가운데 어디에 편입시킬 것인가에 달려 있다. 필자는 그것을 '언밸런스 매니지먼트(Unblance management)'라고 부른다. 예컨대 이것도 저것도 아닌 어중간한 시간은 성공도 실패도 아니니 당연히 행복도 불행도 아니라고 생각할 수 있다. 만약 그렇게 생각한다면 당신에게 그 시간은 어떤 의미인가? 또한 그렇게 생각한다면 어쩌면 당신은 OX의 저주에 붙잡혀 있을지도 모른다.

언젠가 유행했던 '소확행(소소하지만 확실한 행복)'을 생각해보자. 물론 그것은 지금도 유효하다. 집 근처 카페에 앉아 고즈넉한 오후를 즐긴다거나 간단하게 도시락을 싸서 당일치기로 가까운 여행을 다녀올 수도 있다. 그러나 소확행의 진정한 의미는 인생이 성공과 실패, 행복과 불행의 OX게임이 아니라 이것도 저것도 아닌 시간들을 행복에 편입시키는 기술이다. OX의 저주에서 벗어날 때 그때부터 당신의 행복은 달라질 것이다.

내 삶의 스토리라인을 가진 사람은 소확행조차 필요 없다. 일 그 자체가 행복이기도 하거니와 자신의 내면에서 다른 사람들보다 행복의 기초가 높으니 어중간한 시간 전부가 행복이기 때문이다. 연극에 미친 배우를 생각해보자. 연습장에 살다시피 하면서 라면과 막걸리로 끼니를 때우더라도 그 시간이 즐겁고 행복할 것이다. 반대로 부모의 강요에 의해 직업을 선택한 사람은 행복의 기초 자체가 없을 수도 있다. 따라서 같은 시간을 일해도 두 사람이 느끼는 행복은 하늘과 땅만큼의 차이가 날 수 있다.

물론 자신이 좋아하는 일을 선택하고 좋은 스토리라인을 가졌더라도 기대와 어긋난 결과 앞에 잠시 실망할 수도 있다. 그러나 일하는 것이 행복하다면 일 자체가 곧 회복력이다. 작은 소명감만으로도 현실의 장벽들을 이겨나갈 당위성과 용기를 북돋우는 데 도움이 되기 때문이다. 다른 사람들보다 성공할 확률도 높다. 흔히들 즐기는 사람을 이길 수 없다고 하지 않는가? 더구나 그들은 훨씬 많은 시간을 일한다.

알다시피 미국의 메이저리그에서 활동하는 타자들 가운데 매년 3할대 타율을 꾸준히 기록하는 선수들의 연봉은 대체로 100억 원 이상이다. 미국뿐만 아니라 해마다 3할대 타율을 기록한다는 것은 타자로서 크게 성공한 정상급 선수로 평가받는다. 그런데 뒤집어 생각하면, 3할대 타자라는 것은 자신이 친 10번의 타구 가운데 7번을 실패했다는 뜻이다. 즉 실패가 성공보다 두 배 이상 많았다.

인생도 마찬가지다. 지금까지 시도했던 것들을 되돌아보면 성공보다 실패가 훨씬 많았다. 첫눈에 반한 사람과 데이트에 성공하기까지 숱하게 많은 실패를 했을 수도 있고 크고 작은 수많은 시험이나 인터뷰에서 실패했거나 만족스럽지 못한 결과를 얻은 경우가 훨씬 많았을 수도 있다. 창업은 물론 재테크나 투자는 또 어떤가? 따라서 행복을 찾는 사람들이 많아진다는 것은 그만큼 실패를 겹겹이 쌓고 있는 사람들이 많아지고 있다는 뜻이다.

그러나 세상은 성공에만 반응한다. 즉 3할대 타자가 프로야구 선수로 데뷔한 이후 지금까지 안타를 몇 개 쳤는지와 같은 신기록에 반응할 뿐, 그가 도대체 몇 개의 타구에 실패했는지는 아무도 관심을 가지지 않는다. 모두가 다른 사람의 성공만 쳐다보기 때문이다. 그래서 내 삶의 스토리라인이 있느냐 없느냐의 차이는 오늘의 행복을 결정한다. 즉 3할의 성공이 아니더라도 행복할 수 있다. 자기가 좋아하는 일을 하기 때문에 이미 10할의 성공 정말 안에서 살아가기 때문이다. 따라서 세상이 정해놓은 성공 기준만 바꾸면 지금 당장이라도 행복할 수 있다.

어쩌면 우리는 3할의 성공을 당연하게 생각하며 살아왔는지도 모른다. 그처럼 세상은 언제나 우리의 경쟁이 더욱 치열해지기를 원한다. 그러나 당신의 행복을 결정할 수 있는 사람은 세상이 아닌 당신 자신이다. 따라서 세상이 당신의 행복을 결정하는 것을 그대로 방치하면

안 된다. 3할의 성공은 정말 엄청난 성공이기 때문에 1할의 성공만으로도 행복할 수 있을 때 3할에 도전하는 과정도 행복할 수 있다.

봉지라면 재테크도 그런 마음에서부터 시작하면 좋겠다. 달라진 것이 없어도 오늘이 어제보다 조금 더 행복할 수 있다면, 바뀐 것이 없어도 일이 조금씩 즐거워질 수 있다면, 당신은 조금씩 경제적 자유를 누릴 자격을 갖추어 가는 것이다.

지금까지 자의든 타의든 세상이 쳐 놓은 '남들처럼' 프레임에 갇혀 비교와 경쟁을 현실적인 행복의 도구로 믿고 살아왔다면 지금에 와서 내가 좋아하는 일을 찾는다는 것이 결코 쉬운 일은 아니다. 그래서 진정한 변화는 고통을 수반한다.

공지영 작가는 그의 책 『너는 다시 외로워질 것이다』(해냄, 2023)에서 변화를 받아들이는 삶의 고통에 대해 다음과 같이 말했다.

"약간 깨달은 것 가지고는 삶이 바뀌지 않는다. 삶은 존재를 쪼개는 듯한 고통 끝에서야 바뀐다. (…) 그러므로 고통이 오면 우리는 이 고통이 내게 원하는 바를 묻고, 반드시 변할 준비를 해야 한다. 이것은 그동안 우리가 가졌던 틀이 이제 작아지고 맞지 않음을 알려주는 것이다."

이유 없는 생명은 없다. 특히 만물의 영장인 사람으로 태어났다면 이 땅에서 해야 할 일이 분명히 있다고 믿는다. 나는 그것을 내가 좋아하는 일, 보람을 느끼는 일에서 찾고 그 속에서 서로 협력하며 함께 성장하는 것이라고 생각한다.

지금의 재정 형편이 어떠하든 우리는 모두 소중한 사람이라는 것을 기억하면서 힘들어도 한 걸음씩 내가 잘할 수 있는 일을 찾고 변화를 선택하는 당신이 되면 좋겠다. 봉지라면 재테크가 조금이라도 힘이 되었으면 좋겠다.

에필로그 투자는 모르지만 인생은 잘 살고 싶다

인생을 바꾸는
봉지라면 재테크

초판 1쇄 발행 2024년 6월 27일

지은이 김광주
펴낸곳 원앤원북스
펴낸이 오운영
경영총괄 박종명
편집 최윤정 김형욱 이광민
디자인 윤지예 이영재
마케팅 문준영 이지은 박미애
디지털콘텐츠 안태정
등록번호 제2018-000146호(2018년 1월 23일)
주소 04091 서울시 마포구 토정로 222 한국출판콘텐츠센터 319호 (신수동)
전화 (02)719-7735 | **팩스** (02)719-7736
이메일 onobooks2018@naver.com | **블로그** blog.naver.com/onobooks2018
값 18,000원
ISBN 979-11-7043-545-7 03320